HACER
Stanislavski contra Strasberg
ACTUAR

Otras obras de Jorge Eines publicadas por Editorial Gedisa

El actor pide

En esta obra, Jorge Eines retoma los lugares más fecundos de un diálogo entablado con Stanislavski que abre nuevas vías hacia un conocimiento profundo y comprometido con la esencia de la actuación.

El actor pide está dirigido a todos aquellos actores que crean oportuno preguntarse por la existencia de una técnica interpretativa y por las dificultades que como individuo tiene para articularse con ella. También a los directores inquietos por descubrir un lugar del ensayo o un momento de la representación donde sea posible amar a un actor. Y, finalmente, a todos aquellos aficionados al arte escénico dispuestos a sostener una reflexión sobre los fundamentos del conocimiento interpretativo.

Didáctica de la dramatización
(junto con Alfredo Mantovani)

Este libro contiene el Sistema de Teatro Evolutivo por etapas, el cual intenta proporcionar a cualquier profesional interesado en el tema una visión clara de los criterios y la forma de trabajo a emplear en las diferentes edades escolares desde los 5 a los 12 años.

El desarrollo teórico aquí expuesto ha significado, para Jorge Eines, la conclusión de un proyecto referido a la pedagogía en la escuela tras el cual se ha dedicado por completo a la formación actoral y, para Alfredo Mantovani, su consolidación como uno de los principales especialistas de la teoría y práctica de la Didáctica de la Dramatización.

HACER
STANISLAVSKI CONTRA STRASBERG
ACTUAR

JORGE EINES

Con la colaboración de
Santiago Trancón

© Jorge Eines, 2005

Cubierta: Sylvia Sans

Primera edición: octubre del 2005, Barcelona
Séptima edición: febrero del 2024, Barcelona

Derechos reservados para todas las ediciones en castellano

© Editorial Gedisa, S.A.
http://www.gedisa.com

ISBN: 978-84-9784-102-3
CÓDIGO IBIC: ANC
Depósito legal: B.9327-2017

Impreso en: Service Point F. M. I., S. A.

Impreso en España
Printed in Spain

Queda prohibida la reproducción total o parcial por cualquier medio de impresión, en forma idéntica, extractada o modificada, en castellano o en cualquier otro idioma.

Para Carmita

ÍNDICE

Introducción 11

Capítulo I. La relajación 13
Capítulo II. La concentración 35
Capítulo III. La emoción 55
Capítulo IV. La palabra 85
Capítulo V. La acción 113

El trabajo del actor
y el arte de la interpretación 149

Postfacio 163

INTRODUCCIÓN

Soy un hombre al que le interesa el trabajo del actor. Desde mi práctica como profesor de interpretación, desde mi trabajo en los ensayos o desde mis libros he tenido la prioridad de favorecer desde la técnica una mejor comprensión de los procesos creadores.

En este nuevo intento me he propuesto ser más didáctico que en mis trabajos anteriores. Durante más de dos años desde su origen en un magnetofón, he reelaborado cada reflexión sin que hubiera pérdida de un recurso didáctico fundamental: lo coloquial.

La división en los cinco apartados que he elegido responden a las cinco preocupaciones más claras que he detectado en los actores. No quise sustraerme a una exigencia originada en la realidad. Cada apartado pretende resolver los interrogantes esenciales que cada actor o futuro actor, con deseos de superarse, posee en su labor profesional o formativa.

La propuesta inicial de este libro se articula con la entrevista que se publica al final del mismo. La elaboración del material teórico implicó un desarrollo singular en sucesivos encuentros, donde pude contar con la inapreciable colaboración de Santiago Trancón.

Durante la escritura, sin embargo, la mayoría de las respuestas debieron ser modificadas por el desarrollo del trabajo y muchos contenidos tuvieron que ser reelaborados. En este sentido, las nuevas aportaciones nacidas de mi reflexión las he puesto en negrita para que guíen la lectura de cada apartado.

La posibilidad de que un oficio sometido al rigor de la técnica devenga en arte está sujeto a tantos factores como individuos sean capaces de intentar un recorrido con una meta que no está predeterminada.

Este libro es una exposición de las bases teóricas y prácticas de algunas de esas técnicas que hacen factible la existencia de actores y actrices. Una reflexión acerca de sus fundamentos y su sentido. Las relaciones que ideología y técnica expresan y cómo una determinada técnica acaba al servicio de una ideología específica.

Alguien podría suponer que son disquisiciones alrededor de la filosofía de la técnica; muy al contrario, yo pretendo que sean lugares de articulación de la técnica con el individuo en torno a los cuales se realiza un análisis y una reflexión específicas. Esta distinción y separación metodológica, si bien tiene fundamento en la práctica, no puede tomarse como una realidad ontológica. La interpretación es un todo, el actor es un todo, el personaje es un todo. El arte es un todo.

Madrid-Buenos Aires, agosto de 2005
www.jorge-eines.com

CAPÍTULO I

LA RELAJACIÓN

CAPÍTULO I

LA RELAJACIÓN

La enfermedad profesional

> **Desde que Stanislavski la colocara como una de las piedras angulares de su método de interpretación, la relajación forma parte de cualquier discusión sobre el trabajo actoral. No siempre, sin embargo, se entiende bien en qué consiste esa relajación, para qué le sirve al actor, cómo debe usarla y cuándo.**

Como consecuencia de lo que podríamos denominar la «línea Lee Strasberg» –que va decantándose en los Estados Unidos y de ahí pasa a Europa, y que va apropiándose de buena parte del discurso stanislavskiano–, la palabra «relajación» adquiere una enorme significación.

Strasberg definía la tensión como la enfermedad profesional del actor. Como enfermedad debía ser frontalmente atacada, rigurosamente modificada, dado que su existencia comprometía la recuperación de la emoción en la tranquilidad, que es el fundamento de todo el discurso teórico-técnico nacido con él. Vemos que hay una relación específica entre relajación y emoción: cuando Strasberg habla de tensión y de enfermedad profesional se está refiriendo a la dificultad de que surja la emoción si no es en condiciones de una tranquilidad suficiente. Esta afirmación

—la relación causa-efecto entre la distensión y la emoción y el hecho de que la relajación esté necesariamente asociada a la obtención de vida emocional— la podemos poner en cuestión.

Desde este supuesto se podría llegar a afirmar que hay una relajación en la vida y una relajación en el arte; que la relajación en el arte es utilitaria y su existencia está basada en la necesidad de obtener la emoción.

Nuestro planteamiento, en cambio, es distinto. Creemos en una relajación para acceder al conocimiento, y esto es indisoluble al arte que nos ocupa en tanto que el conocimiento es intercambio fluido con lo que se encuentra fuera.

Un actor tenso realiza un mal intercambio. Esto le lleva a una mala asimilación y de ello resulta un personaje mal aprendido en la práctica. A lo sumo racionalizado, pero no generado en un proceso de trabajo.

Son dos posiciones opuestas respecto a la utilización de la relajación. En un caso se trata de recuperar emocionalmente algo ya vivido, mientras que, en el otro, se trata de construir a través del intercambio con lo externo para eliminar las barreras que impiden una correcta interacción.

Distensión y conocimiento

> **Éste es el objetivo principal de la relajación. Es cuestionable la relación relajación-recuperación emocional, ya que no hay una vinculación, ni orgánica ni psicológica, entre la relajación y la emoción. Eso de que a través de la relajación podamos tener acceso a las vivencias que necesitamos llevar a la escena es un supuesto una y otra vez cuestionado por la experiencia de los actores.**

El que sea cuestionado no quiere decir que un correcto estado de relajación no pueda favorecer la aparición de determinadas cosas del mundo afectivo. Pero no llega a ser una respuesta técnica porque en el suceder psíquico hay demasiados contenidos que no están sujetos a la voluntad.

Lo que sí es verificable es la relación entre un buen estado de relajación y un buen conocimiento, y, a través de esto, o asociado a ello, el que se pueda acceder al universo afectivo. La relación entre relajación y conocimiento es una condición irrenunciable. Insisto en que entiendo por conocimiento, intercambio; si no hay intercambio, no hay conocimiento. Uno aprende a salir al encuentro de eso que está afuera, no se prepara para buscar lo que está dentro. Lo que pasa es que saliendo al encuentro de lo que está afuera, uno encuentra cosas de las que están dentro.

Prepararse para ser un buen receptor conduce a favorecer la respuesta inmediata. Tanto desde el punto de vista de la reacción motora como desde el punto de vista de la reacción emocional.

Prepararse para recibir al personaje

> **La relajación está en función de la apertura al exterior. Este esquema es radicalmente distinto al de Strasberg, en el que la relajación sirve ante todo para la introspección. La relajación busca una relación fluida con el entorno. Más que acceder al interior de uno mismo, debe ser el puente para acceder a lo que está fuera.**

Strasberg exageró el término relajación al ubicarlo como vía de acceso hacia lo orgánico y como el primer paso que el actor debía dar para encontrarse con las cosas de sí mismo que lo condujeran a un comportamiento vital. Si en plena labor interpretativa surgía alguna dificultad, la relajación debía imponerse como una disciplina técnica asumida como necesidad, aunque el precio que en ese instante pagara el actor fuera el de distanciarse de la realidad de la escena.

Strasberg comenzaba una clase y lo primero que hacía era dedicar gran parte de la misma a ejercicios de relajación. Pretendía fomentar «brechas» para acceder a lo inconsciente y desde ahí abrir vías de acceso a huellas marcadas por la experiencia.

Es llamativa la preponderancia de la relajación en las clases de Strasberg, sobre todo por el tiempo invertido en relación proporcional con la duración de las escenas.

Cualitativa y cuantitativamente, por exceso o por carencia, ocupa un lugar central. No sólo la relajación desde el punto de vista teórico-técnico, sino en la práctica diaria.

Acabamos viendo trabajos interpretativos parecidos a sacos de patatas porque el actor, al controlar su cuerpo al mismo tiempo que busca una relajación excesiva, impide la germinación de algún tipo de vivencia o el mínimo tono muscular que un personaje necesita para sostener una caracterización. Más de una vez hemos visto a actores arrastrándose por la escena en nombre de la relajación.

Otra cosa muy diferente es negar la importancia de preparar el cuerpo o evitar caer en la hiperactividad, como ocurre en demasiadas películas de acción o de ciencia-ficción con actores que en ningún momento detienen su frenética actividad.

Tomemos el caso de Sylvester Stallone. Casi siempre se encuentra en un estado de hiperacción: su tensión sostenida es superior a la tensión que se acostumbra a ver en la vida, pero al menos le sirve para reflejar la conducta de un personaje.

LA RELAJACIÓN

En casos así, el ritmo interno y el ritmo externo impuestos por una propuesta argumental generan un prototipo de actor para un tipo de cine en particular. La acción, en esos casos, no supone una opción técnica, sino una disposición del cuerpo para una estética con un objetivo muy preciso: captar la atención del espectador con un mínimo de esfuerzo.

En un actor en formación o en entrenamiento continuo, la relajación sirve para que el cuerpo se abra al encuentro con la técnica, más que nada porque el hincapié no está puesto en la mente. Un cuerpo relajado debe ser un cuerpo preparado para sostener una técnica.

Con la relajación, la musculatura adquiere la armonía imprescindible que permite al actor incluir la tensión del personaje.

Gracias al conocimiento cotidiano de lo que hace, puede aplicar sus tensiones al personaje y alcanzar un alto nivel de composición en aspectos expresivos donde se distancie de sí mismo a favor del papel que interpreta. El sentido final de la relajación es, en definitiva, conocer el propio cuerpo, eliminar sus tensiones y ubicarlas en otro sitio. En ese lugar donde vive un personaje que hay que construir.

La función del intercambio es asumir la conducta del personaje, sin olvidar que se trata de un proceso con comportamientos claros y precisos.

En todos los casos, la última palabra la tiene el personaje. Cuando hablamos de distensión, tanto en la construcción última como en el proceso evolutivo para llegar a ese personaje a través de intercambios, siempre estamos hablando de tendencia hacia el personaje. La relajación está al servicio de una mejor construcción del personaje.

El actor necesita distensión para poder encontrar la tensión del personaje.

El cuerpo contiene la biografía

> **No vale, por tanto, cualquier tipo de relajación. La terapéutica, por ejemplo, que busca el máximo de relajación muscular y mental, el grado cero, puede servirle al actor durante los entrenamientos como recurso básico para empezar a conocer su cuerpo, pero no es la que necesita en el momento de actuar o de construir un personaje. En esos casos una relajación adecuada debe ser activa, dinámica. No se puede separar de la idea de energía, de alerta, de trabajar no sólo sobre la musculatura, sino también sobre la necesidad de acumular energía.**

Aunque Strasberg plantea que la relajación activa se asocia a lo emocional, nosotros consideramos que su función específica es disponer para el trabajo. Lo terapéutico es el beneficio extra de desempeñar una actividad artística en relación con el control del cuerpo y la armonía que eso propicia. Donde se aleja de lo terapéutico es en la utilización que se haga de la relajación para una instancia vital ajena al acto interpretativo. Hay una psicoterapia ligada a lo corporal, basada en un intenso trabajo corporal, cuya función es romper nudos tensionales y afectivos alojados en un lugar determinado de la musculatura. Un trabajo que permite un acceso desde el cuerpo, acceso a traves del síntoma instalado como bloqueo en algún lugar de la masa muscular. Hay terapias específicas que niegan la existencia de tratamientos que no estén asociados al trabajo sobre esas zonas en particular.

A pesar de que sus fines no son terapéuticos, el cuerpo es el lugar donde se expresa la imaginación. Por lo tanto, lo decisivo es qué hace el actor con la relajación, qué hace cuando termina de relajarse, qué utiliza de sí mismo, quién metaboliza lo que está pasando y qué lugar ocupa el director. Que éste no confunda su rol y proceda como terapeuta cuando en realidad no lo es.

¿Es un riesgo real? Lo es cuando se articula con algunas demandas inconscientes del actor. Con ciertas motivaciones del actor, que puede buscar su propia terapia en el teatro y no sólo su realización profesional. Relajar lo puede hacer igual un psicoanalista, un psiquiatra, que un director de teatro, pero sólo en el teatro se relaja para actuar. No se busca provocar en el actor un estado especial, sino orientarlo hacia un proceder orgánico para que pueda actuar.

Relajarse para vivir mejor. Profesión y vida

> **Quizás deberíamos hablar de alcanzar un tono muscular adecuado para poder poner el cuerpo en circulación, en acción, en estado de alerta. Si se trata de llegar a un personaje, a un personaje vivo, el tono será mayor que si el objetivo de la relajación fuera acostarse en un diván y asociar ideas libremente para dejar «hablar al inconsciente».**

Cualquier persona puede desempeñar su profesión correctamente con el cuerpo relajado, pues de esa manera podrá escuchar con claridad lo que el otro le enuncia, así se trate de un abogado que defiende a su cliente durante un juicio, de un arquitecto que diseña el plano de un edificio o de un actor a punto de entrar en escena. Si logran ser conscientes de su cuerpo, podrán relajarlo de acuerdo con sus necesidades y descubrir el tono muscular conveniente y la energía necesaria para movilizar un lugar determinado de su organismo. En el caso de los actores, deberán descubrir que ni el exceso de expresión ni la carencia de vitalidad les sirven para mover un brazo armónicamente. Lo que tendrán que asumir cuando se están relajando es que se están preparando para mover el brazo de la forma más equilibrada desde el punto de vista expresivo y con la mejor implicación desde el punto de vista vital. Ésa es la relación singular que establece con su cuerpo para sentirse actor y no abogado o arquitecto.

El actor descubre qué relajación necesita. Cualquier relajación se legitima si permite conocer lo que se necesita para trabajar en un ámbito particular.

Relajar el cuerpo para ejecutar una danza no es lo mismo que relajarlo para hacer mímica o para encarnar el personaje de una obra de Turguénev o de Ben Johnson. Cualquier relajación en el trabajo interpretativo debería orientarse hacia la escena. Construir un personaje significa establecer un vínculo con los que están fuera, los cuales nos instan a orientar la distensión y la tensión hacia un lugar preciso.

Ese lugar es el personaje. Estamos hablando de un alumno en formación o de un actor ensayando. El objeto de estudio y trabajo, en ambos casos, es el personaje, el cual orienta todo el trabajo.

No es una relajación general del cuerpo, sino una disposición en la que se combinan las necesidades vitales y profesionales para que aparezca de manera apropiada el papel que se representará.

De lo general de su profesión a lo particular del personaje. De ese viaje y de ese equilibrio hablamos.

La cárcel del cuerpo

> Podemos hablar de la necesidad de una relajación en la vida cotidiana que sea útil o válida para todos, pero en el caso de un actor, además, debe integrarse una expresividad previa. Crear un estado determinado de equilibrio que ya no es sólo esa relajación general. El modelo está en el actor oriental, en ese estado psicofísico, en esa presencia escénica a la que llamamos pre-expresividad. Un saber estar presente, física y energéticamente presente, sobre el escenario.

Eugenio Barba acuñó el término «pre-expresividad», un concepto asociado a culturas diferentes a la nuestra. Culturas que determinan al individuo antes de que éste se encuentre en un marco muy preciso de realizaciones artísticas.

El actor puede llegar a fascinar al espectador sin la necesidad de que exprese o represente algo. Su presencia es suficiente para atraer la mirada del público, una mirada que debe ser seducida con la construcción de un cuerpo artificial, desarmado y restaurado para la exposición. Asociada a culturas diferentes a las occidentales, la pre-expresividad hace hincapié en las condiciones sociales que determinan al individuo.

Un actor de Kathakali es capaz de realizar con su musculatura movimientos que un individuo occidental jamás podría llegar a hacer. Nanda Kumaran, maestro de Kathakali, instaba a sus alumnos a mover el globo ocular, a expulsarlo o a desplazarlo y a utilizar la musculatura del anillo de Cinn, pero si el actor provenía de Occidente, la tarea podía llegar a ser imposible. No se accede a la comprensión porque la misma está asociada a la experiencia.

Cuando un maestro oriental propone mover el globo ocular, sacarlo hacia afuera o desplazarlo, cuando insta a utilizar la musculatura que sostiene el globo ocular, le habla a un actor oriental enraizado en su cultura cuyo crecimiento profesional se basa en el manejo superlativo del cuerpo y en el conocimiento y la aplicación de cada uno de los músculos con un objetivo expresivo.

En Kathakali, los actores establecen sin esfuerzo lazos particulares entre ellos porque están determinados por su cultura, donde el individuo puede hacer movimientos asociándose con otros. En Occidente, en cambio, la formación en el medio social condiciona la expresión y obliga a reprimir los impulsos. Cuando llega un individuo educado en esas condiciones —y educar se identifica con reprimir—, éste ha ido poniendo en distintos lugares de su cuerpo las tensiones necesarias para poder bloquear esos impulsos. Por lo general ya tiene incorporado un mecanismo cultural restrictivo. En cada lugar de nuestro cuerpo hay una impronta de tipo psicofísico vinculada a la educación que hemos recibido, y nuestros cuerpos, nuestra musculatura, se han hecho cargo de los condicionantes formativos que nos hacen «muy civilizados».

Cualquier intento de articular a un individuo con una técnica asociada a la expresión viene determinado por un condicionamiento sociocultural que da origen a un tipo de individuo con una predisposición a la realización de un proyecto de tipo artístico específico. No es extraño por tanto que tanto Jerzy Grotowsky como Eugenio Barba hayan propiciado instancias grupales con objetivos comunes proyectados en tareas no sólo artísticas, sino también de carácter cotidiano, pues donde falte un espíritu comunitario será complicado saber qué cosas son necesarias para darle energía al arte y liberar al cuerpo de las diferentes tensiones que lo encarcelan.

LA RELAJACIÓN

Mínimo de esfuerzo, máximo de expresión

> **Relajación significa estar dispuesto y predispuesto energéticamente. La obtención de un adecuado estado de relajación es mucho más difícil de conseguir de lo que se supone. Es muy habitual que se aprendan métodos diversos en gimnasios, clases de expresión corporal o de yoga, pero en el caso del actor su aprendizaje sólo es válido si se proyecta en las condiciones que impone la labor sobre el escenario. Debe aprender a responder a los factores de tensión en la misma dinámica de la escena y generar una variedad de estímulos para no verse sorprendido. En la práctica acaba siendo un hábito técnico que le permite descubrir las tensiones innecesarias y propiciar las justas para el personaje que represente.**

En la vida se utiliza el mínimo de energía para el máximo de resultados. En la escena debería ser exactamente lo contrario. Un gran derroche de energía para un mínimo resultado.

El actor oriental lo tiene rigurosamente comprendido. Tiene mucho más claras las reglas de acción vinculadas con el arte de la escena; los occidentales, no. En el marco pedagógico, conseguir que un actor occidental asuma la diferencia que va de una acción en la vida a una acción en la escena, parece una tarea lenta y compleja en el mejor de los casos. El tema de la «verdad para ser representada» sigue vigente a pesar de los años que han transcurrido desde la muerte de Eugene Vajtangov, quien al enunciar ese concepto cifró en palabras un viejo dilema.

El actor oriental ya lo tiene resuelto. Un actor que tenga conciencia de cuál es el esfuerzo que debe hacer para poder trabajar y vencer las resistencias que le impiden trabajar con aquellos contenidos más densos y de mayor exigencia, acaba ganando la batalla esencial.

¿Pero de qué actor estamos hablando? ¿Del que se considera profesional sólo porque cobra por su trabajo? ¿O hablamos de aquel otro que tiene conciencia de que está educado en una cultura que a la larga acaba siendo un sistema de vida que determina su sistema de actuación? Será consciente de ese determinismo si relaciona aquello del mínimo de energía para un máximo de resultados como una condición propia de la sociedad en la que vive. Su traslación al trabajo actoral acaba siendo un mal endémico, un síntoma recurrente, difícil de vencer en la escena. A la larga, su superación se convierte en una opción ética que le lleva a estar en un escenario en unas condiciones que serán las que elija para ejercer su profesión.

Cualquier propuesta recibida para vencer la tensión corporal que no le permite trabajar con una buena cantidad de energía siempre se integra en una disciplina ético-técnica. El tema resulta complejo si su discurso no fertiliza articulado con el medio en el que trabajará el actor y las opciones que va tomando en su profesión.

Sin teología y con pedagogía

> **Esta reflexión parte de cierta concepción del actor, de su trabajo y de su arte que tiene que ver con una exigencia rigurosa que cobra sentido en la medida en que contemos con alguien que quiera ser ese tipo de actor, autoexigente, que no tenga una concepción me-**

LA RELAJACIÓN

> ramente mercantilista de su profesión, sino cierta concepción ética y estética. El trabajo de relajación le enfrentará al problema de su propia reestructuración orgánica y sus hábitos. No sólo se trata de superar unas determinadas tensiones, sino de enfrentarse a una reestructuración física y mental de acuerdo con nuestra educación.

En este lugar de la reflexión lo que nos impulsa es definir la cantidad y calidad de la autoexigencia que cada persona puede tolerar. Por ello, poco hay que decir si no medimos cada situación en lo singular y personal.

Caer en un perfil demasiado filosófico en lo teórico conduce a una respuesta en exceso trascendente en lo existencial: el actor sólo acabaría siendo posible encerrado en un monasterio, dispuesto a violentarse a sí mismo en todo lo que fue su aprendizaje en sociedad a cambio de una nueva verdad que la mayor parte de las veces está sujeta al discurso de algún líder que le dé al actor la posibilidad de rehacer su historia.

Una suerte de «actor santo», al decir de Grotowsky, donde no queda otra opción que la reclusión y el aislamiento para estar más cerca de lo divino que de lo humano. Un sitio ideal para ser observado por los dioses, pero oculto a la mirada de los humanos.

De pronto todo se precipita de lo técnico a lo teológico. La teología tiende al dogma, al maniqueísmo, porque termina imponiendo qué cosas son buenas y qué cosas son malas. Hacer el esfuerzo de rescatar los procesos de trabajo desde una perspectiva pedagógica propicia el equilibrio imprescindible entre lo espiritual y lo técnico.

Un tema complejo porque una y otra vez el individuo recibe la presión de lo cotidiano. Estamos hablando de lo que hace una actriz cuando deja al novio en la esquina, acaba de desayunar y tiene una preocupación porque por la tarde tiene que encontrarse con alguien a quien no desea ver y sólo tiene seis horas para ensayar, y debe exigirse ciertas cosas que nada tienen que ver con que su novio la trató mal, ni con la persona de la tarde a quien no quiere ver, ni con el camarero malhumorado que le arrojo el café con leche sobre la mesa del bar.

En ese ensayo, en ese instante profesional donde hasta es factible que encuentre alguna experiencia intensa que la haga sentirse pertenecer al arte del actor, el ponerse a trabajar con lo que tiene que trabajar, aunque parezca el peor momento para intentarlo, le permitirá vencer resistencias y preocupaciones.

Es propio de la condición humana que en algún momento aparezca la desgana para enfrentarse con lo que se tiene que hacer. En Occidente, la pereza suele ocultarse detrás de toda actividad. Una especial pereza de espíritu muy occidental que lo acaba invadiendo todo aunque parezca vertiginoso el esfuerzo diario por sobrevivir. Hablamos por tanto de un hombre o una mujer que comparte las alegrías y desazones de una vida cotidiana llena de trampas para poder sobrevivir, que tiene sus problemas, desde la falta de un sitio para aparcar hasta el temor siempre latente a la muerte. Como individuo deberá poner en cuestión algunas de sus inercias y buena parte de su neurosis para poder trabajar con lo que tiene que trabajar. Tendrá que vencer formidables resistencias para poder concentrarse en la tarea. Si logra vencerlas, eso le llevará a la comprensión de que tiene alguna que otra dificultad puesta en su cuerpo, producto de la educación, de lo adquirido en el trayecto de la vida, más las urgencias de lo cotidiano.

Todo hace que uno cuente con un cuerpo condicionado. Proponer un objetivo ideal sin ningún tipo de anclaje en lo real puede conducirnos al resultado atroz de que sólo nos quedemos en lo trascendente, lo sublime. Para ser actor no hay que ser sublime, hay que ser humano, con una cierta ética y una cierta técnica, nada más. No hay que aprender demasiadas cosas porque la técnica tiene que ver con algo mucho más reducido y preciso de lo que uno puede suponer cuando ve a un gran actor trabajar.

Si un actor pretende saber todo lo relacionado con la técnica de la actuación, lo más probable es que conozca mucho, quizás demasiado, pero no ocurrirá nada durante la representación.

Si uno pretende saber todo lo que va a pasar, seguro que no va a pasar nada. Una cuerda floja decisiva, pero difícil de asumir. Un equilibrio inestable, pero la única opción que permitirá al actor descubrir que actuar es eso que ocurre y no sólo eso que se dice.

Rescatar el qué sin postergar el cómo

> **No se puede hablar de la relajación de forma aislada. Como todas las instancias técnicas, cada una de ellas remite a un todo, que es el individuo concreto. Por la vía de la relajación nos preguntamos cómo funciona nuestro cuerpo. Aparecen tensiones vinculadas a un tipo de educación general y a la historia personal que se han instalado en un lugar corporal al que no se tiene acceso directo ni muy preciso. Tenemos acceso al sistema nervioso central, pero no al sistema autónomo; no tenemos acceso directo a los mecanismos que mantienen y desencadenan la tensión. ¿Hay algún camino indirecto? ¿Todas las técnicas de relajación valen, todas son iguales?**

Llegamos al síntoma, no a la raíz del problema. Si aceptamos, como señala Jacques Lacan, que «el síntoma es una palabra obturada», podríamos pensar que estamos llenos de síntomas en la medida en que tenemos una gran cantidad de palabras obturadas.

Pienso en la década de 1960 y en el compromiso de la gente. Se trataba de tener algo que decir y decirlo. El arte del actor postulaba una implicación tenaz en los conflictos para que no quedaran palabras obturadas. En aquellos años predominaba más el «qué» porque se intentaba comunicar una ideología. Había que asumir desde ésta una postura sólida ante lo que se contaba. Por lo tanto, era más fácil pensar en la postergación de los aspectos más mezquinos porque el compromiso era activo.

La evolución o involución nos ha llevado ahora a una predominancia del *cómo* sobre el *qué*. Ahora lo que importa son las técnicas para conseguir unos resultados.

Si algo define la evolución occidental es la desproporción entre lo técnico y lo espiritual. Cada vez hay más de lo primero y menos de lo segundo. Lo opuesto a la plegaria de la cual se obtienen rendimientos muy a largo plazo. La técnica es lo inmediato. El *cómo*.

Si cualquier *cómo* está justificado por el predominio de lo estético, por encima de cualquier otro criterio, hay muy poco que decir; por esa vía llegaremos a una gragea que compraremos todas las mañanas y que permitirá que los *cómos* sean perfectos.

En principio, deberíamos suponer que hay un individuo que elige espacios, compañeros, instituciones, proyectos que le hacen acceder desde ahí al *cómo*. Es un *cómo* predeterminado tanto por algo que uno quiere contar como por a quién quiere contarlo. Un *cómo* teñido de algunas condiciones que es importante señalar.

La primera condición se refiere al sentido último de la actuación. Si actuar significa hacer, entonces una relajación que parta de algo dinámico propiciará un camino desde lo activo hacia la escena, con lo cual cualquier técnica para desalojar tensiones deberá ser tenida muy en cuenta; una relajación que parta del movimiento condicionará que el pasaje hacia la escena sea más factible desde lo activo que desde la pasividad.

A partir de ahí podríamos enunciar diferentes técnicas sobre la base del movimiento, pero creo que no hace falta enumerarlas creando exclusiones innecesarias.

De lo que se trata es de elegir algo que otorgue al cuerpo la opción decisiva de ponerse en movimiento, lo cual permitirá arrastrar resistencias y provocará un compromiso radicalmente activo.

La segunda condición se refiere a la relación que establece el actor con aquellos con quien se dispone a trabajar. Una relajación aislada tiende hacia el individualismo. Una relajación con los demás, por el contrario, posibilita un esfuerzo asociado para ayudar y para que me ayuden a vencer las resistencias, una técnica en la que el actor se integra con los demás para poder diseñar desde la práctica un proyecto común.

El otro, con sus dificultades y problemas, es un espejo con el que se asocia para poder enfrentarse con la dificultad de trabajar. Es un *cómo* activo que integra al otro en el esfuerzo.

El apoyo mutuo, además, significa encontrarse con otros actores que jerarquizan los aspectos técnicos desde una elección inicial, es decir, desde una postergación de lo mezquino en nombre de lo integrador, en vez de potenciar el individualismo tan sobrevalorado y emitido desde los Estados Unidos con Lee Strasberg a la cabeza. Propiciar el intercambio con los demás se opone a la condición más relevante de la sociedad norteamericana: el individualismo.

Lo importante, en definitiva, es plantear una tarea que haga posible la plena integración de los otros. El dar y recibir como una pauta técnica, esto es, favorecer un hacer responsable en vez de buscar la unidad en una creencia.

La máscara que llevamos dentro

> **Cuando hablamos de relajación nos remitimos a Stanislavski necesariamente; pero también podemos hablar de Meyerhold, porque con él nace toda esta preocupación por lo que pasa en el cuerpo del actor y con el cuerpo del actor. La biomecánica planteó ya muchos de los problemas con los que todavía nos enfrentamos hoy.**

Meyerhold fue un director teatral que en su momento no fue comprendido. No sólo por sus contemporáneos, que lo asesinaron, lo cual desgraciadamente no es ninguna metáfora, sino en relación con sus propuestas de trabajo con el actor y cómo éstas fueron metabolizadas por los profesionales de su tiempo.

Su idea principal era dotar al cuerpo de un tono expresivo, enriquecido por el conocimiento de su potencial emotivo y dispuesto a vencer las barreras que bloquean la expresión. No se trata de formar a un gimnasta de las emociones, sino a un acróbata en el sentido más amplio del término, lo cual no sólo no impide la presencia de la pasión, sino que hace de tobogán para fomentar su aparición.

Meyerhold concibe la idea de un cuerpo preparado para actuar. Un tipo de organicidad más amplia que la que postulaba Stanislavski. Un actor *clown*, un actor atleta, más extrovertido, sujeto a compromisos sígnicos de elevada teatralidad.

Es de interés rescatar a Meyerhold de una cierta desvirtuación teórico-técnica y afirmar que intentó rescatar al actor del exceso de intimismo, proceder que se había ido estableciendo a partir del modelo que Stanislavski implantó y que germinó por toda Rusia, extendiéndose luego por el resto del mundo.

Lo que busca Meyerhold no es la mejor manera de ponerse una máscara, sino que el actor descubra la máscara que lleva cada individuo dentro. Descubrir la máscara, y a partir de ahí componer un personaje.

Este objetivo acabó entendiéndose como la búsqueda de unos elementos sígnicos que hicieran más pirotécnicos los espectáculos, como si lo que hubiera planteado Meyerhold fuera una respuesta superficial al modelo de Stanislavski.

Nosotros pensamos que ambos autores se potencian mutuamente.

La biomecánica es una exigencia puesta en el cuerpo cuyo objetivo es mejorar la máscara que todo actor lleva dentro.

Esto no sólo no se opone a Stanislavski sino que, por el contrario, neutraliza los excesos que en nombre de la verdad escénica entraban en litigio con ese otro compromiso indisoluble al arte del actor: el de la verdad para ser representada.

BIBLIOGRAFÍA

Barba, Eugenio. *Más allá de las islas flotantes*, México, Editorial Gaceta, 1986.
— y Savarese, N. *Anatomía del actor: diccionario de antropología teatral*, México, Editorial Gaceta, 1988.
Bharata Iyer, K. *Khathakali India*, Munshiram Publishers, 1983.

Fraisse, P. *Psicología del ritmo*, Madrid, Ediciones Morata, 1976.
Freire, Paulo. *Pedagogía del oprimido*, Buenos Aires, Siglo XXI, 1985.
Hethmon, Robert H. *El método del Actor's Studio*, Madrid, Editorial Fundamentos, 1986.
Lacan, Jacques. *Los cuatro conceptos fundamentales del psicoanálisis*, Seminario XI, Buenos Aires, Paidós, 1973.
Lapierre, A. y Aucouturier, B. *Simbología del movimiento*, Barcelona, Editorial Científico Médica, 1977.
Layton, William. *¿Por qué? Trampolín del actor*, Madrid, Editorial Fundamentos, 1990.
Lowen, Alexander. *Ejercicios de bioenergética*, Málaga, Sirio, 1996.
Meyerhold, U. *Textos teóricos*, vols. I y II, Madrid, Editorial A. Corazón.
— *Teoría teatral*, Madrid, Editorial Fundamentos, 1982.
Osipovna Knébel, M. *Poética de la pedagogía teatral*, México, Siglo XXI, 1991.
Payne, Rosemary. *Técnicas de relajación*, Buenos Aires, Paidotribo, 1996.
Roth, Philip. *El animal moribundo*, Madrid, Santillana Ediciones, 2002.
Strasberg, John. *Accidentalmente a propósito*, Madrid, Editorial La Avispa, 1998.
Strasberg, Lee. *Un sueño de pasión*, Barcelona, Editorial Icaria, 1990.
Svanascini, Osvaldo. *Conceptos sobre el arte en Oriente*, Buenos Aires, Hastinapura, 1986.

CAPÍTULO II

LA CONCENTRACIÓN

CAPÍTULO II

LA CONCENTRACIÓN

Lo teatral es real y lo real no existe

> Captar la atención y el interés del público depende, en principio, de la forma como se presente el actor ante él: en actitud relajada y concentrada. La concentración del actor hace posible la del público. Aunque sólo fuera por este hecho, plenamente comprobable, la concentración ya debería ocupar un lugar central en la técnica del actor. El actor necesita la concentración para sostener la ficción del personaje con naturalidad y verosimilitud, para prestar atención al compañero y para captar las reacciones del público. Todo eso, que tiene que ver con las condiciones específicas de su trabajo, no puede abordarlo sin concentración. Hablamos de la concentración del actor en escena, una instancia técnica que debe aprender a desarrollar en su proceso de aprendizaje.

En principio, es imprescindible recordar que cualquier trabajo que se hace fuera de la condición de la representación, en el ámbito del entrenamiento y la formación, no adquiere su definitivo relieve técnico hasta que se aplica en la escena.

Lo que ocurre durante la representación debe estar enlazado con el trabajo de formación y de entrenamiento. Y no solamente porque de la exigencia de los ensayos surge la implicación de la representación, sino también porque lo teatral vive en esa relación entre actor y espectador que en algún momento justifica, da sentido y hace posible que aquello que uno hace durante el entrenamiento se proyecte de manera natural cuando está presente el público.

Por más espectador interiorizado que cada actor tenga sólo la presencia real y concreta del público es la que en todo caso convierte la ceremonia de lo privado en el ritual de lo teatral.

La relación entre lo que se hace durante el entrenamiento y lo que se proyecta en el momento de la representación es indisoluble. No se trata de dos momentos, sino de uno solo y prolongado.

El entrenamiento es un proceso de autodefinición: en él va creciendo una autodisciplina que se manifiesta a través de las acciones. No es el ejercicio en sí lo que tiene valor, sino la justificación que el actor hace de ese ejercicio, sostenida por la proyección de su tarea hacia el momento de la representación.

Supongamos que el actor ha encontrado la justificación de su entrenamiento con relación a lo que ocurre en la escena. En el momento de la representación, la presencia del espectador, para ir al encuentro del cual se preparó, genera tensiones.

Por un lado, está preparado para ir a su encuentro. Pero por otro, tendrá necesidad de controlar algo más; necesita un alto nivel de concentración para sostener la exigencia de la representación.

Los vasos comunicantes

> La concentración no es una instancia aislada, sino que forma parte del trabajo global e integrado del actor; sin embargo, podemos relacionarla con la relajación. Concentración y relajación no son lo mismo, pero son dos fenómenos psicofísicos que van muy unidos.

La relación entre relajación y concentración es la misma que existe entre los vasos comunicantes: baja la tensión, sube la concentración; baja la concentración, sube la tensión. Un actor que se relaja se prepara para concentrarse; no obtiene una garantía, pero sí el puente imprescindible para encontrar la concentración.

En el desarrollo de la representación, si baja la concentración, subirá la tensión. Lo uno condiciona lo otro. No obstante, suponiendo que se obtuviera una correcta concentración, aun así no hay garantías absolutas de que ésta permanezca. Imaginemos algún factor imprevisto añadido a la representación, emitido por los espectadores o por estímulos externos. La respuesta técnica frente a la aparición de la desconcentración o la dispersión es encontrar un nuevo elemento de concentración, y no un trabajo puesto en la musculatura que le permita retomar lo que ha perdido.

No es aislándose como reaparece la concentración, sino implicándose en modificar algo de lo que está fuera.

Antes de la representación uno se concentra valiéndose de la relajación. En el marco de la representación (y en esto disentimos una vez más de Lee Strasberg, quien plantea la necesidad de relajarse en el momento de la representación), hay que incentivar el intercambio con un objetivo de concentración que desplace la desconcentración.

Nuestra postura intenta ser un territorio técnico equidistante entre Strasberg y lo que pretendía Jerzy Grotowski, cuya propuesta era hiperbolizar la relación con ese elemento exterior que interfiere en la representación.

Por ejemplo, si un espectador hace algo que afecta a la representación, en vez de negarlo, hay que implicarse en ello. Desarrollar esa nueva opción y crear algo con y sobre ella. ¿Pero cómo regresamos al momento de la representación?

Con un grupo de actores bien entrenado, con códigos muy aprendidos, es factible regresar a la estructura representativa y hacer algo que pueda ser incluido en ella.

Si hay algo que nos llama mucho la atención y nos sustrae de la estructura, permanezcamos un tiempo en ese espacio y en ese tiempo y luego ya volveremos a la estructura de la representación. En líneas generales, ésa sería la opción que nos plantea Jerzy Grotowski.

Lee Strasberg, en cambio, subraya la introspección. Como si se tratara de un regreso a algo que está dentro y que habría que actualizar en el momento de la representación.

La dispersión por la incidencia de un factor interno o externo a la representación es una alternativa posible y habitual; el problema no es que ello se produzca, sino no saber qué hacer para restaurar la atención sobre lo escénico.

La desconcentración es uno de los síntomas inherentes a la condición del actor; por ello debe saber regresar a la condición de la escena. ¿Cómo hace para volver? ¿Con qué vuelve?

Vuelve con lo que le rodea, vuelve con un vaso, con la mano del compañero, con un olor. Con una relación vinculante y transformadora que le ayude a descender hacia la realidad de la escena.

Desconcentración es irse. Actuar es, entre otras cosas, aprender a volver.

LA CONCENTRACIÓN

Se vuelve de la mano de aquello que hace posible un aterrizaje suave.

El recorrido ya estructurado, preestablecido, le permite al actor volver. No es un dejarse llevar, hay que seguir la partitura. Tiene que volver de la mano de aquellas cosas que hacen posible la partitura.

Creo que es lícito reflexionar sobre los dos polos en torno a los que gira la concentración: por un lado, uno mismo, y, por otro, todo lo que hay alrededor. El equilibrio entre esos dos polos es lo decisivo de la tarea.

El primer polo encierra un riesgo: el de concentrarse en exceso sobre sí mismo, como si el actor fuera el único centro de interés de la escena (su cuerpo, sus sensaciones, sus emociones).

En el polo opuesto está la pura exterioridad, el estar todo afuera, a merced de lo imprevisible y sin un eje interior de referencia. Como si el vector de la actuación estuviera unilateralmente orientado hacia afuera, con la consigna técnica de establecer la mayor cantidad de guiños de complicidad con el espectador.

El lugar del equilibrio que se impone desde una elemental lógica técnica viene siendo transitado a lo largo de la historia del actor. Más que nada porque a lo largo del siglo XX se incentivó en gran medida el lugar de la vida interior del actor y su proyección en el personaje. Existe mucha literatura basada en el interés de lo introspectivo.

¿Pero cuál es el objeto donde el actor debe depositar su concentración? Durante mucho tiempo ha sido el texto escrito, la palabra del autor.

Era fácil caer en la trampa del logos, creer que sólo se podía hacer lo que se comprendiera. Esto, al abordar el conocimiento de la obra sólo desde un aspecto lingüístico, nos conduce a la verdadera dimensión del error gnoseológico.

La palabra es una consecuencia y no una causa respecto a lo interpretativo. Es una causa en el origen del proyecto, pero no en su evolución práctica.

Poner el esfuerzo en el texto indica tratar de conocer un objeto desde un lugar ajeno a la práctica o, en todo caso, investigar alrededor de la literatura teatral y no en lo relativo a la construcción de un personaje.

¿Pero cómo conocer un objeto que no existe aún, dado que lo único que tenemos es una sucesión de palabras?

Aquí surge Lee Strasberg, quien aborda el desconocimiento del objeto y otorga importancia al conocimiento de uno mismo, lo cual inicia un proceso de identificación que, a partir de la propia experiencia, conduce a las palabras y a las acciones del personaje para poder llegar a la introspección.

Ni el texto ni uno mismo

> **Un actor se concentra, según Strasberg, para despertar en él la emoción. Pero este punto de partida encierra errores relativos al desarrollo inicial del conocimiento que un actor debe evitar.**

Con el paso de los años, algunos aspectos de la teoría de Stanislavski no fueron bien interpretados por otros autores, quienes sobredimensionaron puntos específicos y le otorgaron un sentido diferente al propuesto por el ruso. «Preocúpate de ti mismo, pues ahí vas a encontrar las cosas con las que trabajar.»

LA CONCENTRACIÓN

Un sitio técnicamente contradictorio porque conduce a que el intérprete acabe creyendo que aquellas cosas que no están sujetas a la voluntad pueden ser posibilitadas desde la voluntad.

Imaginemos un personaje definido por el odio, un odio que es factible poseer en algún sitio de nuestras huellas vitales al cual hay que recurrir desde la decisión voluntaria de localizarlo para identificarse con el personaje. No decimos que sea imposible utilizar alguna vez un odio aprendido en la vida y proyectarlo en el personaje, lo que nos preguntamos es qué ocurre cuando no se consigue. En ese caso, y ante la imposición de un resultado, se acaba mostrando un odio que no se tiene.

En nombre de una gran verdad, se termina obteniendo un resultado opuesto al punto de partida. Ese odio que sabe que posee, pero que no logra habitar para encarnar al personaje, se convierte en la respuesta fingida de un odio que hay que mostrar porque así lo impone la situación.

La concentración se orienta sobre todo hacia las relaciones que el actor-personaje mantiene en escena y lo que esas relaciones van generando.

Si la palabra escrita no es el objeto de la concentración, y las vivencias internas tampoco, nos queda la opción del intercambio. Establecer relaciones que vayan construyendo la causalidad. En la relación que establecemos con lo que está afuera, germinan las causas. En definitiva, no hay otro lugar donde poner la concentración que no sea en la interacción entre el individuo y todo lo que está afuera.

Todo conocimiento o progreso de nuestra inteligencia es siempre una reconstrucción endógena de datos exógenos aportados por la experiencia. En la medida en que voy generando experiencia voy reconstruyendo internamente algunas cosas. Lo que debe buscar el actor es una causalidad que se constituya desde el intercambio. Por el contrario, cuando Strasberg sostiene que la causalidad debe buscarse dentro de uno, lo que está planteando es que primero debemos creer para luego poder hacer.

En cambio, si se trata de hacer y en ese hacer se va constituyendo la credibilidad, el proceso se origina en otro lugar.

La concentración aplicada al texto u orientada hacia la experiencia personal, anterior al comienzo del proceso, desvía la realización en la práctica e impide que el objeto, determinado por las relaciones entre el actor y lo externo, sea elaborado.

Cuando el actor da por hecha la búsqueda, el intercambio se hace fallido y la experiencia del ensayo se torna vacía. No es extraño que Stanislavski pensara que el mayor error de los actores es que piensan más en los resultados de la acción que en la acción en sí.

Cuando esto ocurre, se tiende a dar por hecha una construcción formal de acciones que privilegia el diseño exterior por encima del conocimiento, lo cual anula la mayor parte de las opciones de intercambio. Si entendemos que sobre la base de ese intercambio va apareciendo una estructura, la tarea del director y los actores durante los ensayos es cuidar la limpieza del intercambio que garantiza la construcción de aquélla.

Sobre esa estructura unos y otros van depositando su concentración. Se trata de una macroconcatenación de acciones con una inevitable relación de necesidad entre ellas.

No una estructura que se posee en la imaginación de un director o en la experiencia de los actores, sino una estructura que se construye vez a vez y que el actor la habita a medida que la construye. Esa estructura garantiza la aparición de un signo equilibrado sin postergar al actor en su implicación creadora.

La concentración implica integrar la mente y el cuerpo, pero esto es una tarea imposible si el actor no logra desprenderse de la excesiva preocupación por sí mismo: si la meta es la autoafirmación, cualquier intento de integración es vano.

En la medida en que modifica, transforma y elabora lo externo, se inicia un proceso recíproco por el cual es modificado, transformado y reelaborado.

Ésa es la esencia de la actuación. No sirve de mucho saber de memoria un texto o entender por qué Hamlet dice «Ser o no ser, ése es el dilema». Tampoco educarse para ser un memorizador de palabras escritas por otro y emitirlas con claridad. Lo específico de la tarea actoral es la capacidad de modificar para ser modificado, de escuchar para ser escuchado y de mirar para ser mirado.

Toda negación de la actuación como un proceso comunicativo hará que el texto sólo sea comprendido por un actor, faltando pues la posibilidad de intercambiar la experiencia entre el actor y el espectador. En ese sentido, cada actor debe elegir ética y técnicamente los elementos necesarios para que el proceso de comunicación sea productivo.

Lo que cada actor hace —o, como diría Althusser, la manera en que cada uno se representa la realidad— manifiesta su ideología. Lo cual incluye la pelea contra el narcisismo.

Un combate contra el egocentrismo. Una elección consciente y deliberada que encauza la aparición del narcisismo y lo socializa. De hecho, subirse a un escenario supone una decisión narcisista sostenida con otros narcisistas y por eso mismo solidariamente compartida.

¿Y qué es lo artístico?

> ¿Hasta qué punto necesita el actor una dosis mayor de narcisismo que los demás para ponerse delante de

> otros, para dejarse ver? La gratificación que el actor busca y alcanza no es sólo narcisista; hay otra gratificación. Cuando el actor se libera de la preocupación por sí mismo, encuentra la verdadera gratificación en la tarea, en ese estar todo él concentrado en lo que está haciendo más que en sí mismo. En ese momento, ni siquiera le preocupa la obtención de resultados inmediatos. El actor primitivo actuaba con máscara, ocultaba su identidad. Quizás haya que recuperar algo esencial del teatro, eso que se manifiesta en los orígenes del arte mismo y que es la ausencia de utilidad inmediata, algo que tiene poco que ver con el yo o la gratificación exclusivamente narcisista.

En sus orígenes, el arte no se relacionaba con lo inmediato.

La primera vez que a un hombre se le ocurrió realizar una muesca en la vasija que utilizaba para sacar agua del río no logró que el agua pesara menos ni que su sabor fuera mejor. No consiguió ningún beneficio por adornar esa vasija.

A pesar de ello, lo hizo. Por una necesidad artística inconsciente sin relación con resultados inmediatos.

Un instante de desasosiego o de felicidad, una inquietud cotidiana o cosmológica, una pregunta por el ser inscrita en su mano en ese instante en que se llenaba de vacío metafísico, preguntas que nunca han tenido respuesta y que por eso mismo han pervivido.

Sin embargo, la evolución del hombre acabó configurando la práctica del arte como un espacio natural de supervivencia. Quizás el origen de la relación del arte con el narcisismo naciera del hecho de que las obras consideradas más valiosas o más artísticas fueran más valoradas y, por tanto, más codiciadas por la gente.

La capacidad de uno en detrimento de lo que otros no podían hacer fue acentuando el carácter narcisista del arte. El reflejo mayor de todo esto se ve en nuestros días cuando un actor se siente más y mejor recompensado que otro porque gana más dinero, sale más veces en las portadas de las revistas o es más entrevistado en la televisión.

Sartre. Toda técnica es una metafísica

> ¿Podríamos afirmar que las condiciones sociales acaban determinando un proceder artístico y que el narcisismo es un factor inherente a nuestra condición social?

Todo discurso teórico está determinado por las condiciones sociales y culturales de su tiempo. El de hoy está impregnado del individualismo que caracteriza a nuestra sociedad occidental. Viene del actor y va hacia el actor. Se nutre de la sociedad en la que vivimos y se ramifica en ella.

Cierto es que el exhibirse constituye el actuar. Que hay un motor en el mostrarse que instaura un sentido en la actuación, pero también es cierto que el escenario es un buen lugar para estar acompañado.

Recuperemos lo narcisista ubicándolo en el lugar adecuado. No es factible negar su existencia. Negar la existencia del narcisismo en este espacio y situación histórica es negar un motor que está determinando una gran carga energética. Haz bien tu trabajo y encontrarás una recompensa narcisista.

Evitarás la herida narcisista de hacerlo mal. Hazlo bien.

La técnica protege del exceso narcisista porque se acaba

constituyendo en prótesis moral, tanto por lo que protege ante la falta de trabajo como por lo que equilibra ante el exceso.

Las personas idealizan a los actores. La sociedad construye extraños pedestales. Hay actores que no han podido reponerse en toda su vida de un éxito. Hay otros que se han pasado ese mismo tiempo esperando el milagro del reconocimiento público. En medio de todo eso, el actor tiene que hacer bien su trabajo. Tarea muy difícil si no está bien protegido por la técnica, ya que es fácil confundir ser un profesional con ganar dinero, como si rentabilidad y excelencia profesional fueran lo mismo.

Soportar la mirada del espectador

> ¿Es posible que en la pedagogía se haya sobrevalorado el narcisismo del actor?

Luego de tres décadas de trabajar en la formación de actores, algunas cosas se clarifican. El narcisismo es inevitable, no como mal menor sino como arcilla con la cual hay que trabajar, pero con la cual no es fácil impregnarse.

Algunas puertas no se abren con otra llave. Estimular, dar prioridad, motivar a partir del narcisismo puede ser el motor de arranque. Alguien desea ser visto, quiere seducir, intenta captar la atención de los demás, descubre la satisfacción de ser mirado. Sabe lo que significa tener a alguien a disposición de lo que él haga para desde allí desencadenar algo.

Sin el deseo de ser mirado no es factible elaborar una conducta técnica, pues ésta, en definitiva, tiene que ver con la presencia escénica, esto es, con el ritual de observar y ser observado.

LA CONCENTRACIÓN

Tiene que haber un deseo fuerte de estar ahí, de soportar una mirada, de atraer a un espectador, pero al mismo tiempo hemos de ser conscientes de que ello podría desplazar de tal manera el objeto de concentración que vaciara de contenido cualquier acto expresivo convirtiéndolo en una burda búsqueda de complicidad con el espectador. En ese complicado territorio nos movemos y ésa es la arcilla con la cual opera toda pedagogía.

Sostener la mirada del compañero

> **Tras la concentración hemos pasado de forma natural a hablar de uno de los problemas básicos del actor: el pasaje de sí mismo a la construcción de un personaje. ¿Para que el actor se dé cuenta de este proceso debe al mismo tiempo aprender a concentrarse en lo que hace y ser consciente de sí mismo?**

Bien, imaginemos que hablamos de una alumna a la que denominamos Raquel.

Desde la primera entrevista, Raquel parece ser propietaria de una identidad muy equilibrada, cierto misterio y encanto. En su vida, se coloca en el lugar que los demás esperan de ella. En la escena hace lo mismo, pero no modifica a los demás ni es modificada. Una implicación muy tenue, aunque no es difícil detectar que algo de «su ausencia» atrapa a un espectador imaginario.

El trabajo de un pedagogo consiste en que ella descubra otro lugar en donde pueda elegir con qué cosas debe trabajar para ser mirada. No como en la vida, donde tiene la garantía de que va a ser observada. O está dispuesta a realizar esfuerzos claros para ser observada como personaje o no va a encontrar un lugar en la escena en el que, construyendo conductas que son distantes a lo que ella es, pueda descubrir una gratificación creadora.

Exhibir eso que no es le otorga un lugar de goce que es diferente al lugar de goce en la vida. Lo importante es que descubra otro lugar en el que quiere que los demás la vean, el lugar del actor, el lugar del narcisismo organizado.

Nadie debería estar en un espacio escénico si no desea ser mirado, pero nadie debería estar ahí solamente para eso.

La mirada de los dioses

> **En la actuación, una buena parte de la energía del actor está puesta bajo la mirada del otro, que le restituye su lugar físico. Esa condición narcisista, sin embargo, puede ser contraproducente. Antonin Artaud y Jerzy Grotowsky pretendían potenciar el encuentro íntimo con las cosas sin sucumbir ante el juicio de valor del otro.**

El discurso de Antonin Artaud, que presupone la fusión entre lo técnico y lo poético, fue retomado por Jerzy Grotowsky al evitar el compromiso interpretativo del actor ligado a la presencia del espectador.

De esa errónea resolución del vínculo se desprende el concepto de «públicotropismo», algo asociado a lo que hacen algunos insectos fatalmente seducidos por la luz: el fototropismo.

Es más potente lo que la luz genera como llamada que el propio instinto de vida. Atraídos por aquello que les seduce, mueren por aquello que aman.

LA CONCENTRACIÓN

Hay actores que mueren en la llamada del público porque sólo pretenden satisfacer a éste.

No es difícil detectar la raíz narcisista que Grotowsky trata de neutralizar en el marco de una instancia grupal y de un entrenamiento con una metodología muy definida por la búsqueda del despojarse del exceso.

Ese entrenamiento, al principio, «deconstruye» y, a la larga, reconstruye, tanto el vínculo imaginario como el real con el espectador.

Actuar solo ante lo divino es algo más que una metáfora. Es una invocación técnica cuyo objetivo preciso es despertar la atención escénica, aunque sean los dioses los que nos miren en detrimento de los seres humanos. Un acto ritual generado ante la mirada de lo divino; pero hay una mirada.

Cuando alguien mira, el actor puede satisfacer a los dioses de cualquier Olimpo o al espectador más convencional y lejano o al más entregado y más cercano, pero en definitiva alguien está satisfecho.

Aun cuando se trate de trascender el acto formal del ritual para que se convierta en algo superior y trascendente; aun cuando se trate de llegar a ese acto religioso de lo cotidiano en el que los actores se encuentren con algo trascendental que supere al espectador e incluso su existencia. Aun cuando fuera planteado todo en nombre de una trascendencia, aun entonces hay siempre algo o alguien que mira. Algo dirigido hacia algún lugar de una mirada.

Puede ser que seamos nosotros los humanos quienes nos desplazemos y nos pongamos en el lugar de los dioses: ahí puede uno trabajar para el espectador que lleva dentro o para el dios que lleva fuera. Todo esto, en definitiva, tiene que ver con lo que se exhibe, lo que se muestra, lo que se puede ofrecer a un dios o al público.

Solitario y solidario

> ¿A lo mejor la palabra narcisista está muy deteriorada y existe alguna forma de narcisismo que tenga que ver con la generosidad?

La generosidad del que se brinda en lo inmediato. Eso está en la base del trabajo del actor. Exige concentración y abandono, actuar como si no existiera más que ese momento. Cuanta mayor concentración, mejor se actúa, más relajado y con más energía.

Mejor dispuesto se está para rescatar el tiempo de la creación como algo fugaz; asimismo, en esa fugacidad se rescata el arte como una expresión de la condición humana.

En cambio, el actor preocupado por ganar prestigio o trascendencia social está buscando la eternidad. Son guiños de complicidad con ella: cuanto más lo reconozcan por la calle o más autógrafos le pidan, más eterno podrá ser.

Lo inconsciente, en todo caso, es lo que define el territorio más endeble del actor, sus batallas perdidas de antemano.

Repetir para no repetir

> Podemos relacionar también concentración y acceso al inconsciente. El acceso al inconsciente es una vía hacia la creatividad que el actor debe abordar, pero no a través de la introspección sino del intercambio con el otro.

LA CONCENTRACIÓN

El juego es una vía de acceso al inconsciente. En la medida en que dos personas estén dispuestas a someterse a la interacción espontánea, cada uno va accediendo a través de esa interacción al inconsciente creador del otro.

Si el encuentro provoca chispa en algún lugar que el juego ha logrado propiciar, hemos logrado una interacción creadora. No es necesario hacer un esfuerzo para llegar al otro; basta dejarse llevar mediante la concentración para trabajar junto al otro de manera fecunda.

Actuar es como jugar; se hace posible una circulación inconsciente que a la vez trasciende hacia un nivel distinto, algo que un director como Peter Brook entendió muy bien y que le hace diferenciar sus espectáculos. Aquellos en los que la comunicación de los actores era inconsciente y aquellos en los cuales la comunicación permanece en la consciencia.

Se parte de la consciencia porque es ahí donde se toma la decisión de jugar, pero, a partir de ahí, a veces, se logra trascender hacia lo inconsciente. Cuando se produce esa comunicación, todo lo que en el plano de la consciencia queda en el mejor de los casos en un terreno limpio parece entrar en un territorio superador de lo consciente. Comienza a circular algo que es difícil de expresar de otro modo que diciendo que «lo inconsciente ha tomado cuerpo en la realidad de la escena». La vía de acceso a todo eso es a través del cuerpo y la concentración del actor. Jugar se convierte en algo muy serio.

El castellano es el único idioma donde «actuar» no significa «jugar». *Der spilen* en aleman, *to play* en ingles, *jouer* en francés. Pasa lo contrario con el ensayo, que en francés se dice *répetition*. Ensayo es lo contrario de repetición: ensayar es justamente la no repetición, es descubrir, investigar, inaugurar, buscar. Repetir... repetir ¿qué?, ¿lo que ya está? En todo caso, todo lo que ayuda a anular la barrera entre lo consciente y lo inconsciente se inscribe en lo imprevisto, en lo inventado por el cuerpo, en lo que no se puede conseguir sentados alrededor de una mesa.

Se supone que hay una barrera, una censura, entre consciente e inconsciente. Y esa barrera debe caer a través de la acción. Una acción que exige concentración y entrega. Una acción tan parecida al juego que no debería poder diferenciarse una cosa de la otra.

BIBLIOGRAFÍA

Althusser, Louis. *El porvenir es largo*, Madrid, Destino, 1992.
Artaud, Antonin. *El teatro y su doble*, Barcelona, Edhasa, 1981.
Brook, P. *Hilos de tiempo*, Madrid, Ediciones Siruela, 1998.
— *Provocaciones*, Buenos Aires, Fausto, 1992
— *El espacio vacío*, Barcelona, Península, 1994.
— *La puerta abierta*, Barcelona, Alba, 1994.
— *Más allá del espacio vacío*, Barcelona, Alba, 2001.
Gili, E. y O' Donnell. *Técnicas lúdicas en psicoterapia*, Barcelona, Gedisa, 1979.
Grotowski, Jerzy. *Hacia un teatro pobre*, México, Siglo XXI, 1970.
— *Teatro laboratorio*, Barcelona, Tusquets, 1970.
Sartre, Jean-Paul. *El ser y la nada*, Buenos Aires, Losada, 1966.
Winnicott, D. *Realidad y juego*, Barcelona, Gedisa, 1982.

CAPÍTULO III

LA EMOCIÓN

CAPÍTULO II

LA EMOCIÓN

El territorio de lo involuntario

> La emoción ocupa un lugar central en cualquier reflexión sobre la técnica del actor. Es un lugar obligado que, acaso por lo mismo, lleva a muchas consideraciones erróneas. El predicamento que ha tenido el Actor's Studio con su concepción sobre la emoción y la forma como el actor se enfrenta a ella ha provocado mucho desconcierto entre lo que se puede y lo que no se puede. Lo que se obtiene y lo que se pierde.

Habría que preguntarse para comenzar si se puede llegar a la emoción de manera voluntaria. Al respecto hay suficientes consideraciones de carácter científico (desde lo fisiológico a lo psicológico) como para concluir que es imposible emocionarse desde la voluntad.

Uno no puede decidir sobre lo que quiere sentir y si alguna duda tenemos al respecto no hay más que efectuar una mirada sobre la historia del hombre para cerciorarse de una imposibilidad tan corroborada como humana. Como no responde a la voluntad, es lícito suponer que el actor, ante la conciencia de esa involuntariedad, lo que ha hecho es fingir una emoción, dado que cuando decidía tenerla no lo conseguía. En el modelo del

Actor's Studio, y en la mayor parte del desarrollo que ha tenido esta corriente americana, se intenta una vía que no sea frontal. Acceder a la emoción a través de la sensación. Una ejercitación proclive a la recuperación de una sensación cuyo objetivo es fomentar una antesala técnica que facilite la emoción.

Debemos profundizar en este concepto por lo que tiene de enriquecimiento técnico en lo que se refiere a trabajar una acción contingente y sensorial como intraconflicto puesto en el cuerpo. Es posible disponer la sensibilidad para recuperar la humedad, el olor o el sabor salado; otra cosa es creer que eso puede aprehenderse como si se tratara de una respuesta fisiológica.

En «La vieja frontera», un texto incluido en *El actor pide*, he abordado este tema. Todo lo que atañe a la vía de acceso y a lo que se tiene que producir para que uno recupere una vivencia sensorial. Lo que importa aquí es lo coyuntural e impreciso de que se produzcan algunas respuestas; ello invalida que un proceder de ese tipo pueda tener predicamento técnico.

Técnica y conciencia

> **Parece claro que no podemos manipular directamente la emoción, provocarla o suprimirla voluntariamente. Entonces, ¿no es posible acceder a la emoción a través de la sensación?**

Era una opción factible de investigar. Lee Strasberg dedica tiempo y esfuerzo a consolidar esa opción. En alguna clase, en el marco de alguna escena y cuando se asocian una serie de factores integrados podemos tener la ilusión técnica de que la emoción se puede convocar y dominar. Por desgracia, no responde a la voluntad y desde la voluntariedad no se puede generar.

No se ama porque uno se proponga amar, ni se deja de amar porque uno se proponga hacerlo. No hay en nuestro ordenador cerebral un simple clic que dispare esa opción. No sé si en el futuro se podrá tomar una pastilla para generar de manera inocua una emoción. De ser así, la ruptura frente a la psicología misma del ser humano sería de tal naturaleza que habría que reescribir buena parte de las relaciones entre el individuo y el arte.

En este lugar de la reflexión surge lo sensorial porque parece que no existan más caminos para intentar acceder a la emoción.

Una vía de acceso indirecta que propicie instantes de certeza. Algo de eso ocurre durante el desarrollo de una ejercitación; casi nada de ello ocurre cuando el actor está en escena.

La búsqueda de la emoción a través de una puerta sensorial acaba convirtiéndose en un atajo que no conduce a la respuesta deseada. En la medida en que la relación causa-efecto no convalida más que esporádicamente la validez técnica de la propuesta, el actor se va acercando a la opción natural del paradigma freudiano: el psicoanálisis o alguna otra opción terapéutica.

La experiencia terapéutica le puede permitir desentrañar algunos misterios y quizás logre «acomodar» las pulsiones. Eso lo convertirá en más sensible, más contradictorio y por ende más humano. Esto también quiere decir más cercano al arte del actor, pero no necesariamente más cercano técnicamente.

La técnica vive en lo consciente, y si uno se propone una determinada cosa y lo consigue, es que técnicamente está dotado de recursos para hacer algo de manera consciente y deliberada.

Puesto que la emoción no pertenece al mundo de los recursos que la técnica brinda y pone a disposición del actor, la pregunta que seguimos sosteniendo es si a través de la vía sensorial podemos acceder a la emoción.

Supongamos que salimos a la calle un día de intenso frío. Existe una temperatura determinada que el cuerpo registra. A partir de una sensación térmica corporal que evoluciona llegamos a una respuesta emocional. Pasamos de lo sensorial a lo emocional. Empezamos sintiendo frío y acabamos buscando con desesperación un abrigo para neutralizarlo.

En una situación de trabajo, el actor, a partir de las sensaciones aprendidas en la experiencia cotidiana, va encontrando la respuesta emocional. Si nos concentramos en el calor del sol, en la humedad de una pared o en el olor de una flor... comienzan a surgir algunos datos sensoriales que gradualmente nos llevan hacia un territorio relacionado con lo emotivo.

Si en la actuación se pretende que las emociones sean tan reales como ocurre en la vida normal y cotidiana, tal como parece desprenderse del paradigma técnico que hemos recibido de Stanislavski a través de la línea americana, nos encontramos con un confuso territorio de conciliación entre las verdades de la escena y las de la vida.

Porque si hablamos de frío real, de gustos en la boca, de calor, de transpiración, de respuestas corporales reales que ocurren en el aquí y ahora de la escena, hablamos en realidad de homologar la respuesta sensorial de la escena con lo que ocurre en la vida.

Es cierto que lo que ocurre en la escena no debería ocurrir como si fuese algo real, sino que necesariamente debería ser real. No obstante, aunque se nutra de datos adquiridos en la experiencia vital, se trata de una realidad fabricada en el ámbito específico del arte. Hay que aprender a construir efectos reales; no a imponernos causas reales.

Lo que queremos decir es que no se trata de aumentar la temperatura del teatro para que el actor sude de manera real; ni tampoco, suponiendo que el personaje deba entrar sofocado a escena, pedir al actor que corra alrededor del teatro para provocar una agitación real, lo cual podría ser legítimo para el paradigma que estamos cuestionando. Es bastante fácil de imaginar lo endeble de esta alternativa técnica si los efectos que se pretenden obtener se enfrentan con los contenidos éticos de aquellas conductas que van mucho más allá de una respiración agitada.

La realidad fabricada

> **Si enfatizamos la relación entre sensación y emoción corremos el riesgo de creer que lo importante es provocar sensaciones reales en el escenario, aunque sean en la ficción de la escena. Pero no podemos pretender que en el escenario se den las condiciones reales que suscitan las mismas sensaciones que en la vida real.**

No estamos hablando de algo que viene de la vida y se acomoda en la escena, ocupando el mismo lugar fisiológico y psicológico que en la vida.

Intento decir que el actor tiene la posibilidad de descubrir una vía de acceso al trabajo sensorial que le permita luchar para no tener calor. Con ello descubre que a lo que se aplica es a la construcción de un calor para la escena.

Podemos recoger una información muy precisa de la experiencia vital. Es fácil reconocer los esfuerzos que se hacen para no tener calor. Sabemos que, en la vida, el individuo se abanica, se moja o se pone frente a un ventilador. Hace cosas para acomodar el principio de placer al de realidad y se implica en sucesivas realizaciones de actos para no someterse al calor.

Si trasladamos este proceder a la condición de la escena, iniciamos un espacio de contención sensorial.

Queremos decir un viaje técnico desde las sensaciones aprendidas en la vida hacia una singular configuración que acabará en lo que aprende para la escena al dotarse de un saber técnico.

Son zonas grises que es necesario clarificar para no seguir confundiendo metodologías orientadoras en etapas iniciales del aprendizaje con una técnica cuyos sistemas de actuación nunca aparecen en los comienzos del aprendizaje. El actor en formación puede promover espacios de concentración e implicación en lo que hace. Que eso se traduzca mimando la ingestión de una taza de café en la escena y que con ello consiga sabor de café en la boca, o que haciendo diez grados en el teatro tenga el mismo calor que si hiciera cuarenta, no garantiza la adquisición de un proceder técnico como sistema constructor de conductas y de personajes.

El interrogante que deberíamos sostener es si es factible recuperar algo vivido y trasladarlo a las condiciones de la escena, aunque esas condiciones sean muy diferentes al momento de la vida en que aquella vivencia se produjo.

Debemos remitirnos a los orígenes y por lo tanto a Stanislavski. Éste intentó articular su trabajo con lo que decía Théodule Ribot, un psicólogo y filósofo empirista francés que muere en 1916 y que en los primeros trazos teóricos de Stanislavski ocupa un lugar trascendental. Fundador de la psicología experimental en Francia y autor del libro *La herencia psicológica*, muchos de sus conceptos relacionados con la emoción y la voluntad fueron claramente cuestionados y superados por Freud. A pesar de ello, Stanislavski los alojó en su modelo teórico. Según Ribot, las experiencias vitales son catalogadas por los seres humanos. En este sentido, Stanislavski sostiene que un actor debería hacer lo propio de acuerdo con su experiencia y recurrir a su catálogo singular cuando el trabajo en el escenario así lo requiera.

Imaginemos que nuestra mente es una especie de biblioteca en la que se encuentran almacenadas todas nuestras experiencias. El actor no sólo debería saber qué hay en ella sino, además, encontrarse en condiciones para tomar lo que precisa en cada momento y trasladarlo a la escena de acuerdo con sus necesidades durante la actuación.

Aunque Strasberg se encuentra en la misma línea propuesta por Ribot, da un paso más y se ubica en un punto psicoanalítico al sostener que es necesario acudir a los recursos instrumentales para ampliar el abanico de opciones vitales y realizar el pasaje de lo consciente a lo inconsciente. Es la experiencia de la magdalena proustiana, el momento en el que algo aparece desde el fondo de la memoria personal de manera vívida. Pero que eso ocurra de manera coyuntural y que tenga que ver con nuestro psiquismo, no quiere decir que responda a la voluntad ni que nazca de una decisión consciente y deliberada.

En *El malestar de la cultura,* Sigmund Freud plantea que en la vida psíquica no puede sepultarse nada de lo que alguna vez se formó. Es decir, que todo se conserva de algún modo y puede ser traído a la luz en circunstancias apropiadas, por ejemplo, en virtud de una regresión. Si bien la conservación de lo vivido es la regla, no estamos hablando de la conservación, sino de la recuperación, y aquí aparece la dificultad. Existen células receptivas y células mnemónicas: las primeras reciben y las segundas guardan. ¿Cómo hacer para que las barreras de contacto que se forman entre unas y otras hagan posible la conducción, el contacto entre las neuronas? Si se logra el pasaje de unas células a otras, se supone que hay una posibilidad de acceso a lo vivido. La memoria depende de la magnitud y frecuencia de la impresión. Esto condiciona la recuperación, pero ni siquiera con una cantidad y calidad suficiente de impresión podemos garantizar la reaparición de lo vivido a no ser que se den condiciones especiales para ello.

El ocasional regreso a lo vivido

> La emoción se relaciona con la recuperación de lo vivido. Pero lo importante es que esa recuperación o regresión depende de factores que no responden a lo voluntario, a una decisión consciente.

A veces, lo que se ha vivido puede no aparecer como consecuencia de algunos factores imposibles de manejar que nada tienen que ver con la consciencia o la libre decisión. Por eso a veces una melodía nos facilita la regresión a lo vivido, pero otras veces no.

Las condiciones no son controlables: no tenemos nunca la garantía de que con escuchar la misma melodía se produzca la misma regresión.

La hiperbolización de los primeros desarrollos stanislavskianos conduce a hacernos creer que el entrenamiento es la garantía de recuperación de lo vivido. No sucede así, porque no se conocen cuáles son las vías de la facilitación de la recuperación. Es cierto que si uno tiene una predisposición sensible es mucho más factible acceder a lo vivido, pero, aun siendo cierto, no es fácil que ocurra.

La experiencia biológica, dice Freud, indica que es arriesgado iniciar la descarga mientras los signos de la realidad no hayan confirmado la totalidad del complejo. Algunas cosas, en la realidad, hacen posible la aparición de ciertas respuestas. No obstante, el actor corre el riesgo de expresar lo que no tiene, de creer que ha convocado la totalidad de una vivencia cuando ni siquiera ha accedido parcialmente a ella, y enunciar una gran mentira cuando cree que en realidad ha dicho una gran verdad.

El brazo cortado

> **Ante la dificultad de controlar el acceso a la emoción –pues tampoco podemos controlar voluntariamente los factores que facilitan la recuperación de lo vivido–, es fácil recurrir a explicaciones más o menos fantásticas acerca de la emoción y sus efectos.**

Stanislavski utiliza el concepto de «irradiación» en su libro *El trabajo del actor sobre sí mismo en el proceso creador de la vivencia*, concretamente en el capítulo diez titulado «Comunión». Tomando una idea de la psicología de la percepción de Ribot, lo intenta traducir para el actor como «percepción de radiaciones»: «Nuestros sentimientos y deseos interiores emiten rayos que rezuman por nuestros ojos, por el cuerpo, y que envuelven a otras personas con su corriente». Esto es sólo una expresión de deseo respecto a favorecer la comunicación entre dos personas. Al mismo tiempo, afirma que no es un proceso voluntario ni consciente, pero que esto se produce. La conclusión del capítulo es significativa: «Como veis, no es tan sencillo en la escena la emisión y recepción de rayos por un procedimiento técnico cuando no surgen por sí solos, intuitivamente, como ocurre en la vida corriente».

El criterio y la manera de concebir la irradiación es homólogo a lo que antes exponíamos en relación con la dificultad de sujetar un recurso técnico desde la conciencia y la voluntad. Si no es así, no tiene carácter objetivo sino subjetivo. Como individuos implicados en el arte, no hay ninguna duda de que nos sometemos a la subjetividad; no obstante, estamos desarrollando esta reflexión porque tratamos de objetivar esa subjetividad y no porque queramos agregar más subjetividad a la subjetividad que ya tenemos con relación a lo que es la esencia del arte.

Merleau-Ponty, en la *Fenomenología de la percepción*, expresa algo que podemos metabolizar en la práctica escénica: «Ese brazo que me cortaron en la guerra lo sigo sintiendo como si estuviera». Se refiere a un brazo cortado, una amputación. Una experiencia traumática con un muy alto nivel de huella. Un rastro indeleble en la memoria de un ser humano.

La memoria emocional pretende otorgarle a la recuperación de un momento vivido un lugar equiparable al de la experiencia tan traumática que nos narra Merleau-Ponty.

La dignidad técnica

> **Frente a la emoción sólo cabe una postura científica y realista. Debemos buscar una instancia técnica que nos permita integrar el trabajo sobre la emoción den-**

> tro de aquello que el actor puede controlar y sobre lo que pueda trabajar objetivamente. **La insistencia en «trabajar desde la pregunta» es un principio técnico que ayuda a salir de ese callejón sin salida de lo introspectivo, el regreso directo a lo vivido o la búsqueda de sensaciones reales.**

Si prescindimos de la recuperación de lo vivido y nos limitamos a la búsqueda de lo que sí podemos vivir en el presente de la escena, nos encontraremos con que algunas veces llegaremos a una intensidad vital equivalente y otras nos colocaremos en un sitio en el que, afirmados como estamos en la opción de esa búsqueda, por lo menos tendremos una pregunta.

Hay dos tipos de actores: el actor que trabaja desde la pregunta y el actor que trabaja para la respuesta. El actor que trabaja para la respuesta ha implementado síntomas que repite con precisión en cada representación. En algunos casos, aunque la situación dramática difiera, esa repetición se traslada de obra en obra como si se tratara de un mismo personaje. Ese actor consigue signos claros. Se entiende lo que hace y lo que dice. Sin embargo, y ante la ausencia de preguntas, se inhiben la mayor parte de los contenidos emocionales, precisamente aquellos que no se pueden prever porque están determinados por la realidad del trabajo. Las respuestas formales, aunque muy bien organizadas, siempre adolecen de carencias estructurales, dado que una forma vale en la medida en que está sujeta a un contenido.

La pregunta no garantiza la magnitud del contenido; lo que garantiza es que haya algo sosteniendo una opción formal. La búsqueda de una sensación creyendo que es posible recuperarla no garantiza su aparición: sólo consigue, en definitiva, que uno finja su presencia. La pregunta por lo que no está a veces conduce a una gran intensidad, y otras conduce simplemente a la pregunta. Un actor disciplinado en implicarse desde la pregunta no se permite pasar gratuitamente a una sucesión encadenada de respuestas vacías. En todo caso, y siguiendo a Jean-Paul Sartre, toda técnica conduce a una metafísica. Si uno realiza una buena pregunta, no siempre obtiene una buena respuesta, sino otra buena pregunta. Así, en un desarrollo de buenas preguntas, van apareciendo respuestas. Pero el actor no se ocupa de ellas. Las respuestas acaban siendo conductas complejas que inevitablemente implican una sucesión encadenada de preguntas y un cuerpo que las sostiene.

El actor, en vez de ocuparse de las respuestas, se ocupa de las preguntas, y esto otorga una cierta garantía o dignidad técnica: trabajar en un lugar idóneo en el que no se exhibe más de lo que se tiene. De aquí a un equilibrado sentido de la verdad hay un solo paso.

¿Qué es lo que puede un cuerpo?

> **El problema de la emoción quedó brusca y directamente planteado ya hace dos siglos por Diderot. Según Diderot, la emoción acompaña al mal actor; la frialdad, al buen actor. Cuanto menos implicado, cuanto menos se emocione de verdad el actor, mejor hará su trabajo. Para Diderot el actor sólo debe fingir que se emociona. Cuanto menos siente, mejor finge, y cuanto mejor finge, más emociona al espectador.**

LA EMOCIÓN

No creo que tal disyuntiva esté bien planteada. Cuando nos hacemos la pregunta de si el actor tiene o no que emocionarse, es que nos estamos ocupando de la emoción, y lo que me parece de interés plantearnos es que de eso no debemos ocuparnos. No contestamos ni que sí ni que no, decimos que ésa no es la tarea del actor. Aquello que ocurre en la escena, transcurre. Eso que ocurre y transcurre es algo que se está construyendo. No es algo ni de antes ni de después. Es algo que ocurre en el cuerpo del actor y que le pasa por dentro y por fuera.

«Nadie sabe lo que puede un cuerpo», decía Spinoza. Lo que puede un cuerpo hay que descubrirlo, no es algo predeterminable ni como punto de partida ni como lugar de llegada. Ese erróneo predeterminismo con respecto a lo emocional conduce a dos lugares: a la búsqueda desesperada de la emoción (entonces la emoción se pone como objetivo) o a todo lo contrario, esto es, a la negación de la emoción, con lo cual sólo cambiamos de lugar el problema. Tanto si nos ocupamos de negar la emoción como de buscarla, la emoción ocupa un sitio preponderante. Le adjudicamos a algo un valor técnico cuando en realidad no lo tiene.

Un jugador de fútbol no debe tocar el balón con la mano pero de no hacerlo no se ocupa durante el desarrollo de un partido. Lo tiene interiorizado como un principio inalterable y no toca el balón con la mano aunque haya partidos que juegue mejor y otros en que juegue peor.

La emoción es una consecuencia de la implicación. Es algo que ocurre y, en el caso de que no ocurra, su aparición no puede ser propiciada por ninguna imposición técnica.

A veces se desencadena por el intercambio y la comunicación con aquellos con quienes trabajamos y a veces surge por factores ajenos al personaje que se representa, pero inherentes a la vida del actor.

Recordemos el caso de aquel actor griego que en la interpretación de una escena de una tragedia de Esquilo tenía que hablar con la urna funeraria de su hijo en la mano. El día anterior a su actuación, muere su hijo y hace la escena con las cenizas reales en la mano. Comprueba que le resulta imposible hacer su trabajo ¿Por qué? La emoción le desborda, es tanta la intensidad de lo que vive que lo que siente anula cualquier posibilidad de expresión. Éste es el primer caso del cual tenemos noticia en el que un actor intenta recuperar una experiencia real para dotar al acto interpretativo de una mayor intensidad. Su temor a una baja implicación con una urna de *atrezzo* le impulsó a buscar un recurso real. Sin embargo, con las cenizas de su hijo tampoco pudo. En definitiva, fingir una vivencia o ser dominado por ella son dos formas de falsear la verdad para ser representada.

La limpieza del exceso

> **El problema de la emoción se desborda cuando no distinguimos la realidad de la vida de la realidad de la escena. El teatro es una realidad ficticia; toda la vida de la escena, por muy intensa que sea, no puede borrar la frontera de la ficción. La emoción de la escena es una emoción que nace de la conciencia de ficción, no de la confusión de la escena con la realidad.**

Esa realidad para ser representada está legitimada porque es una realidad que se crea para la escena; no es una realidad de la vida.

Cuando el actor se ocupa, en el aquí y ahora de la escena, de elaborar una conducta, no sólo investiga los aspectos formales.

También aparecen como consecuencia de esa construcción las vivencias representables. ¿Qué garantía tenemos de que éstas surjan? Hay una cierta legitimidad técnica que hace posible garantizar ciertos mínimos. Lo que no podemos garantizar es que a partir de esos mínimos tengamos suscrita una póliza de seguro por la cual la vivencia que podemos desear aparezca en la condición de la escena en todos los casos y en todas las representaciones, con la misma intensidad y en el mismo instante.

Es un interrogante inherente a esta profesión. Está indisolublemente ligado al acto interpretativo.

Un actor que trabaja desde la pregunta, tiene un sentido de la verdad constituido que le permite tener un registro de su intensidad emocional y equilibrarlo con el recurso expresivo correspondiente.

Si no sostiene esa pregunta es un repetidor. Podrá perfeccionar la repetición desde el punto de vista formal, pero no sabrá cómo proceder para sostener contenidos.

La relajación y la concentración son condiciones a priori que el actor necesita desarrollar para sostener esa pregunta. Es el entrenamiento necesario que conduce a la dignidad técnica, que no es otra que ser responsable de estar abierto a que la realidad de la representación le vaya diciendo dónde está. No es de interés ocuparnos de si el actor debe excluir la emoción o trabajar con ella. Si el actor debe esconderse detrás de la emoción o adentrarse en ella. Si debe hacer como que se emociona o emocionarse realmente. Al trabajar desde un interrogante, no se plantea si la emoción debe jugar un papel fundamental; simplemente se deja llevar por la situación y por el personaje que está representando.

Si se prescinde de una estructura de acciones que se encargue de «limpiar el exceso», lo que Diderot planteaba en *La paradoja del comediante* con relación al espectador y la necesaria claridad de un signo escénico que no debe ser atravesado por lo emocional se torna comprensible.

Con esto no queremos decir que lo emocional deba ocultarse a favor de una actuación gélida pero muy precisa ni que, por el contrario, el actor se vea desbordado por el sentimentalismo. Es tan mala la sobreactuación emocional como la sobreactuación sin base de implicación.

En todo caso, lo que pretendemos es radicalizar la postura técnica en el sentido de que el actor no debe ocuparse de la emoción.

¿Por qué, entonces, en este libro, hay un capítulo dedicado a la emoción? Porque es tanta la preocupación de la gente en formación y de los profesionales por este aspecto que nos pareció lícito abordarlo como una unidad, aunque sólo sea para excluirlo del bagaje técnico que un actor debe poseer.

Los comienzos encubren los orígenes

> **Lo importante es crear un marco objetivo de trabajo para que surja la emoción, con lo cual desplazamos el problema de la emoción hacia una instancia técnica objetiva.**

Es una consecuencia de otras instancias técnicas, pero no es objetivable en sí misma.

Si llevamos la dificultad a uno de sus orígenes, es posible detectar que allí donde un director le pide una emoción a un actor comienza un problema. Así, la relación entre la demanda y su satisfacción se vuelve nula, vacía.

El actor no conseguirá emocionarse por más que quien le dirige se apasione en demostrarle lo necesario de esa implicación en la elaboración de la situación dramática. Lo dramático acaba siendo la insistencia de quien dirige y la imposibilidad de quien ensaya de responder con realidades a lo que se le solicita.

La mayor parte de las ocasiones el actor acaba respondiendo a la demanda con un efecto artificialmente fabricado o con una verdad prematura dado que no será factible recuperarla en el ensayo del día siguiente.

La búsqueda de espacios de trabajo que hagan factible la aparición de la emoción en el marco de la representación está muy lejos de la renuncia a la identificación entre la conducta del actor y la del personaje.

Stanislavski escribió: «Basta de mentiras fragantes, bonitas, basta de exuberancias, cosas gratuitas, vamos a sostener con nuestra vida la vida del personaje». Es la respuesta del más grande creador de técnica interpretativa ante la urgencia de un momento que siendo iniciático no por casualidad acabó siendo histórico. El sesgo específico de Lee Strasberg, y también el de mayor relevancia técnica, ha sido hiperbolizar ese primer momento e ignorar la evolución de Stanislavski en particular y la de las ciencias humanas en general.

Causas imaginarias, efectos reales

> **Para referirse a una interpretación correcta, Stanislavski utilizaba el término «orgánico», el cual está relacionado con lo emocional, con una expresión natural, no fingida. Si pensamos en un lugar corporal**

> donde la emoción ocupe el sitio adecuado –ese grado preciso de emoción ajustada a la situación y al personaje–, se podría identificar lo emocional con lo orgánico. Pero con frecuencia se abusa del término orgánico y se lo asocia con una vivencia emocional interior y muy intensa del actor.

Stanislavski ha muerto pero ha revivido en algunas trascendencias no muy fértiles para el arte del actor y para la misma subjetividad que debe proteger el acto creador.

Nos referimos, sobre todo, a la trascendencia que ha adquirido la organicidad condicionada a lo emocional.

Trascendencia asociada a vivir momentos de gran intensidad en la condición de la escena. De pronto, un subtexto técnico lo envuelve todo y el sentimiento acaba siendo el gran valor por excelencia. Como si la emoción lo avalara todo y le sirviera al actor como bandera ética para reivindicar su condición de artista. Un acto de implicación religiosa que garantiza su ascensión al Olimpo. El actor quiere ascender al Olimpo con la escalera de la emoción, cuando es el peso de la técnica el que debería hacerlo aterrizar en un escenario. Se produce un desplazamiento unilateral hacia un solo referente de lo interpretativo al hiperbolizar un solo aspecto. Eso desenfoca la auténtica naturaleza del problema.

El problema sigue estando en la realidad de la escena. En el intercambio. En la relación con lo que está fuera de su vida interior. No hay un ocurrir antes de lo que está ocurriendo. Un ser antes de estar siendo. Un poder de anticipación para garantizar que se produzca lo que no puede ser previsto. Un suceder anterior al suceder escénico. Superar la distancia entre la idea como deseo de que algo ocurra y lo que somos capaces de construir en el intercambio constituye el equipaje técnico del actor. Ésa es su esencia y no la de saberse generador de emociones.

La superación del actor que sólo hacía para que se le entendiera y que al servicio de ello utilizaba cualquier exceso expresivo, ha dado como consecuencia una tipología de actor casi en el polo opuesto.

No es necesario subrayar la verdad. Llevar la entrega al límite del daño físico o del contenido ético de la conducta. Resulta obvio que una agresión no debe dañar la integridad física de un compañero o que una escena que muestra una relación sexual debe diferenciarse de esa misma situación en una película de cine pornográfico. Son los límites que impone el sentido común. Antes de esa frontera no debería ser lícito trabajar sobre causas reales para hacer más reales los efectos. Al servicio de la verdad se hacen cada vez más elásticos los permisos éticos como si éstos fueran una variable de carácter técnico.

Es muy habitual que se mida la grandeza del trabajo del actor por la cantidad de riesgo que asume a la hora de que acto en la vida y acto en la escena sean la misma cosa.

No es lícito ponerle una nariz verdadera a la Gioconda. El ejemplo de Antón Chéjov sigue siendo muy elocuente. Si hacemos un hendidura por detrás de la tela y ponemos la más hermosa de las narices de mujer, nos quedamos sin la Monna Lisa.

Las verdades de la vida no necesariamente jerarquizan las verdades del arte. Una emoción que se calca de un acontecer cotidiano fuerza con su presencia la naturaleza creadora del hecho escénico.

La emoción debe ser un espacio de circulación que crezca con la complicidad, con una técnica que privilegie el contacto con el otro y el vínculo con lo externo.

El universo pre-stanislavskiano

> Lo orgánico debe entenderse como la integración de los aspectos físicos y mentales. Se trata de llegar a un lugar en donde lo físico y lo psíquico formen una unidad indisoluble.

Intentamos asociar organicidad a concentración para evitar la tentación de que lo orgánico se desplace unilateralmente hacia lo emocional. Pero estamos muy lejos de creer que nos planteamos un abordaje nuevo de la cuestión.

Hacia 1870, François Delsarte, cuyos estudios sobre el cuerpo y las expresiones fueron de vital importancia para la danza moderna, se planteó la ley de las correspondencias. Nos propone que a cada función espiritual le corresponda una función corporal. La ley de la Trinidad: epigastrio, tórax y abdomen, como tres lugares en los que se manifestaría un equilibrio entre lo que ocurre en el alma y lo que se refleja en el cuerpo.

Veinte años más tarde, el desarrollo realizado por Dalcroix con respecto a la rítmica pretendía estimular en el actor la percepción en la escena de un aspecto esencial: el ritmo interior de su espíritu. De no ser así, no podría trasladar a lo exterior el ritmo adecuado. Recursos expresivos interiores y recursos expresivos exteriores. Mucho antes de que Stanislavski expusiera su metodología, Delsarte y Dalcroix fueron precursores en el estudio de las relaciones entre lo interno y lo externo, una línea que luego han explorado Jacques Copeau, Charles Dullin y George Pitöeff.

A finales del siglo XIX había muchos hombres de teatro que entendían que el trabajo del actor se basaba en una buena articulación entre vivencia y expresión. Proponen soluciones prácticas, y lo hacen con una continuidad que no se detiene a lo largo del siglo. Estas corrientes pre-stanislavskianas anticipan muchos de los problemas que el maestro ruso atacará frontalmente y nos proporciona claros indicios de que hay estribos muy sólidos respecto al tema que nos ocupa.

Los dos espacios

> **Otra forma, por tanto, de definir lo orgánico es diciendo que una interpretación orgánica es la que muestra la unión o sincronización entre lo interno y lo externo, lo vivencial y lo expresivo.**

La organicidad es, en definitiva, la organización del espacio externo y el espacio interno. El equilibrio entre lo que se vive y lo que se expresa.

El problema central que habita la condición misma del actor. Cuando a lo orgánico se le adjudica un espacio excesivamente condicionado por lo emocional, la esencia del problema se desequilibra y se desintegra.

La gran limitación

> **Lo orgánico expresa esa necesidad de integración de todo el trabajo del actor. Por razones didácticas separamos la concentración de la emoción, la emoción**

> de la expresión, etcétera, pero no podemos olvidar que todo debe conducir a un lugar de integración técnica y práctica.

Es importante que la organicidad ocupe un lugar de equilibrio pero sin quedar aislada del resto, como ocurre a veces en algunos discursos teóricos por motivos didácticos o en el marco de una ejercitación parcial. Hablamos de la emoción, la concentración y la relajación sin aislarlos, sin encerrar en lo específico de cada aspecto lo que debe ser convalidado en el desarrollo e integrado en lo psicofísico.

En este sentido, la emoción no es un baremo de lo que vale y lo que no vale. Ni una variable que, incidiendo sobre las demás, se constituya como mecanismo reparador o compensatorio de otras carencias. La emoción es una consecuencia, no un generador. Un efecto deseable, pero no una causa que acaba siendo asumida como un escalón para acceder a la creación.

Si se valora en exceso la emoción, se ponen limitaciones para ser o estar. Es como si el actor emitiera un mensaje: «Sólo podré hacer algo de interés si llego a un nivel de emoción suficiente. Eso es la garantía de lo que haga».

A partir de ese momento, se autoimpone limitaciones que terminan siendo formales, no sólo interiores, porque la emoción conlleva también una respuesta formal.

A partir de instalar una limitación, empieza a condicionar todo su trabajo. Acaba por decidir que todo aquello que pueda hacer para obtener una emoción está justificado. Si no funciona la muerte de la abuela cuando tenía 9 años que sea con tres kilos de cebolla esparcidas a su alrededor. Si no es el perrito que atropelló un coche y que permanece como episodio traumático, pues que sea mirar fijamente los focos para irritar la pupila.

Se termina pensado que el mensaje que se debe enviar a los espectadores es «no miréis lo que hago, mirad cuánto me emociono». De aquí se desprende la falsa fórmula de la empatía: «Si yo me emociono, el espectador se va a emocionar».

Hacer para creer

> **¿Debe ejercitarse el actor en el campo de la sensación? El actor puede aprender a ser más consciente de las sensaciones, incorporar cierta disciplina para trabajar con la sensación en la escena. Sobre todo de la sensación asociada a estímulos no reales, sino imaginarios.**

Actuar es la capacidad de responder ante estímulos imaginarios, no reales. Esos estímulos imaginarios son la causalidad que en la vida existe y en la escena no. En la vida hay causas y efectos; en la escena sólo hay efectos. No hay un antes causal que se inicia en la vida y determina una conducta en la escena.

La técnica es la disciplina del cuerpo para que éste haga cosas que le permitan a la mente integrar aquello que no existe como causa real.

Cuando un actor responde frente a un fuego real en la vida, el fuego está encendido y las manos del actor se mueven con relación a unas llamas reales.

Si la misma condición la trasladamos a la escena, deberíamos conseguir que un fuego inexistente provoque en el actor una respuesta homóloga a la que se obtiene en la vida con el fuego real. Ésa es la capacidad que habría que desarrollar. A esto asimilado y desarrollado en sus límites, lo denominamos «sentido de la verdad».

Hume decía que la idea tiene lugar en la cosa misma: la mente es receptiva pura. La cosa ocurre y la mente es receptiva; no hay nada antes. El empirismo de Hume, sin embargo, encontró su opuesto en el racionalismo, cuyo hincapié en cuanto a la búsqueda de la verdad no estaba puesto en lo fáctico sino en el raciocinio capaz de proyectar en la mente la creación del objeto.

El actor cabalga entre el empirismo y el racionalismo. Se trata de un racionalismo idealista o kantiano y al mismo tiempo empirista. Es hacer para construir, pero al mismo tiempo es construir para hacer.

Esto enlaza la necesidad de una praxis con la necesidad de establecer alguna conclusión de tipo racional sobre esa misma praxis. ¿Por qué? Porque al día siguiente tiene que hacer otra vez lo mismo con relación a una chimenea que nunca estará encendida y sobre la que aplicó un desarrollo de acciones para conseguir el efecto de un fuego que no existe.

No se trata de tener frío para poder poner las manos sobre la chimenea. Se trata de poner las manos sobre una chimenea imaginaria, produciendo una acción sobre ella para crear y creer en la chimenea. Todo se ejecuta sobre la base de un desarrollo procesal mientras se atrapan las cosas que le permiten crear esa chimenea.

No existe una acción de carácter sensorial. Todas las acciones lo tienen, o deberían tenerlo, si la implicación en la técnica es la adecuada.

El regreso a Aristóteles

> **El actor no puede trabajar directamente sobre la sensación, así como tampoco sobre la emoción. El trabajo sensorial no es un problema aislado, pues va enteramente ligado a la acción. Ésta, a su vez, depende del conflicto, el cual genera una conducta que, a su vez, define a un personaje.**

Cuando la sensación adquiere una preponderancia asociada al conflicto, deja de ser un problema aislado y pasa a ser un problema integrado en la acción, y desde ella al personaje. Por ejemplo alguien que quiera escapar de las llamas o salvarse en una inundación. Ya no se trata de un problema sensorial, sino de cuáles son las acciones vinculadas a un objetivo, lo cual le permitirá escaparse del agua o de las llamas.

Siempre acabamos regresando a Aristóteles. Un desarrollo que sin renunciar a lo sensorial hace del conflicto el principio básico del comportamiento técnico.

Hablamos de trabajo sensorial y también de conflicto porque, en definitiva, cuando decimos conflicto, decimos generador del impulso de arranque y desarrollo de una conducta.

Si hay algo que nos debería preocupar con relación al trabajo del actor es cómo asegurar desde la técnica que ese motor no se detenga. Si ésa es la principal prerrogativa como para quedar establecido un automatismo que haga prevalecer el trabajo desde y sobre el conflicto por encima de cualquier otra consideración.

¿Qué es aquello que le hace ser un actor y no otra cosa? El trabajo con el conflicto. Ello le salvará del exceso expresivo o de la búsqueda de la emoción, obligándole a buscar un sentido de la verdad dinámico y equilibrado y a entablar una batalla técnica en su territorio, sin confusiones psicodramáticas o psicologistas.

El conflicto no garantiza la aparición de un personaje, pero es el único trayecto que nos prepara para recibirlo.

BIBLIOGRAFÍA

Abad, A. *Historia del ballet y de la danza moderna*, Madrid, Alianza, 2004.

Boal, Augusto. *Stop! C'est magique*, París, Editorial Hachette, 1980.

Copeau, Jacques. *L'experimentation des ouvrages du passe*, París, Editorial Gallimard, 1980.

Diderot, D. *Paradoja acerca del comediante*, Madrid, Aguilar, 1964.

Freud, Sigmund . *Los textos fundamentales del psicoanálisis*, Barcelona, Alianza, 1988.

— *El malestar en la cultura*, Buenos Aires, Amorrortu, 1992.

Heidegger, Martin. *La pregunta por la cosa*, Buenos Aires, Editorial Sur, 1964.

Hume David. *Investigación sobre el conocimiento humano*, Madrid, Alianza, 2004.

Jacques-Dalcroze, Émile. *La rythme, la musique et l'education*, Ginebra, Foetisch Freres, 1965.

Lemoine, Gennie y Paul. *Teoría del psicodrama*, Barcelona, Gedisa, 1979.

Marias, Julián. *Historia de la Filosofía*, Madrid, Revista de Occidente, 1974.

Merleau-Ponty, M. *Fenomenología de la percepción*, Barcelona, Editorial Planeta, 1994.

Nietzsche, Friedrich. *Ecce Homo*, Madrid, Alianza Editorial, 1971.

— *El origen de la tragedia*, Madrid, Editorial Espasa-Calpe, 1980.

Piaget, Jean. *El nacimiento de la inteligencia en el niño*, Madrid, Morata, 1969.

— *Psicología y epistemología*, Barcelona, Ariel, 1981.

Rey, Eliseo. *El cuerpo emocionado*, Buenos Aires, Ediciones B.E., 1987.

Ribot, Théodule. *La herencia psicológica*, Madrid, Librerías de Fernando Fé, 1900.

Spinoza, Baruch. *Ética demostrada según el orden geométrico*, Madrid, Ed. Nacional, 1980.

Stanislavski, Konstantin S. *El trabajo del actor sobre sí mismo en el proceso creador de las vivencias*, Buenos Aires, Quetzal, 1977.

CAPÍTULO IV

LA PALABRA

Las nuevas trascendencias y las viejas palabras

> **Podríamos analizar los problemas de la palabra en el teatro separados de la reflexión sobre la acción. Sin embargo, dado que tradicionalmente palabra y acción han ido separadas, vamos a tratar de unirlas en el análisis, precisamente para subrayar la necesidad de no aislar la palabra de la acción y evitar así un acercamiento puramente lingüístico o literario a la palabra en el teatro.**

¿Qué es primero: la palabra o la acción? Ambas cuestiones, que en la técnica interpretativa crecieron por separado, por lo menos en lo que atañe a consideraciones teóricas, en realidad no son consecutivas sino que deben manifestarse al mismo tiempo.

Lo importante, sin embargo, es abordar el tema desde una voluntad integradora. Más que nada por la convicción de que hacer teatro es hacer que algo ocurra y no el relato de un suceso que sólo se expresa en palabras.

De esa coexistencia ni tan pacífica ni tan conflictiva, debe surgir un quehacer escénico integrador que no por ello sea menos respetuoso con lo que la palabra es como forma superior de acción o por lo que la acción es como forma superior de palabra.

Se trata de añejas trascendencias que la palabra ha ido dejando a lo largo del tiempo y, también, de nuevas trascendencias que la acción ha venido imponiendo en los últimos años. Incluso mezclando o confundiendo la acción con la imagen o, yendo aún mas lejos, sometiendo la acción y las palabras al predominio de la imagen.

La imagen es un tema nuevo. Cuando el arte teatral competía con los museos, era una batalla muy fácil de ganar. En oposición a aquéllos, el teatro aportó el movimiento, lo cual solía inclinar la elección a favor del espectáculo y la diversión. No había mucho más donde elegir y no parece difícil comprender por qué tantos miles de personas a la semana veían las obras de William Shakespeare, de Marlowe o de alguno de sus contemporáneos.

En nuestros días, la movilidad se encuentra unida a la acción y a las imágenes, todo ello amparado por un discurso ideológico que se desarrolló a la par que el crecimiento de los grandes medios de comunicación y de su habilidad como formadores de opinión.

Una de las supuestas grandes verdades emitidas en el siglo XX es aquella de que una imagen vale más que mil palabras. Es una de esas sentencias que se citan una y otra vez en nombre de una elevada sabiduría popular, dogmas que si bien acaban siendo populares no han nacido en los mercados ni en los estadios de fútbol. Han germinado y crecido frente a los aparatos de televisión, tan decisivos en la formación de nuestra opinión. Aunque el teatro ha perdido su poder de representación social, la palabra, que entre otras cosas ha colaborado a su origen, seguirá siendo uno de los recursos esenciales.

El teatro español todavía no ha logrado desprenderse de una posición bastante radical respecto del valor de la palabra, quizás porque continúa aferrado al Siglo de Oro, al verso, al endecasílabo, al romance y el soneto. A una palabra que no sólo conducía conflictos y situaciones, sino que construía el espacio, describía el entorno o explicaba lo que no se veía, lo que estaba fuera de escena pero era indisoluble al relato. Quizás se deba a un contagio característico del teatro europeo, pues ocurre algo similar en el teatro francés y en el inglés.

«Pas faire Racine dire Racine», decía Roland Barthes, un ejemplo certero de lo que mencionábamos más arriba.

La palabra-acción que establecen Shakespeare o Lope, más allá del verso libre o el pareado y la distancia tangible con Calderón, nos permite visualizar relaciones que son originales respecto a cómo se sitúa la palabra al articularse con la acción, una suerte de hiato entre lo dicho y lo hecho.

Desde los comienzos, la palabra, como texto o pretexto, siempre ha sido lo primero. Es obvio que me refiero a la era cristiana y no a los orígenes de la teatralidad, que se remontan al Paleolítico.

Uno puede pensar que Calderón o Shakespeare imaginaban antes de escribir, pero no puede imaginar a Calderón sin palabras. Todo fue pensado o presentido en palabras.

El origen del teatro, para nosotros, occidentales y judeocristianos, tiene que ver con la palabra. Incluso cuando Jerzy Grotowsky transgrede y lleva a escena *El príncipe constante* de Calderón, propone a un dramaturgo polaco como Winspiansky para que trabaje sobre ese texto. Le ofrece la opción de adaptación, modificación o supuesta confrontación con el original, pero teniendo muy presente la predominancia de la palabra.

Grotowsky parece estar *contra* el exceso calderoniano, pero no *sin* el exceso de Calderón. Le necesita como enemigo a batir, como marco de oposición. Se nutre de esa palabra para vencerla y generar una resultante que se alimenta de lo mismo que supera.

Incluso cuando la esencia de un trabajo es la ruptura frontal, hay un sometimiento a la palabra. Por fidelidad o por oposición, el determinismo lingüístico permanece invariable ante cualquier intento de modificación.

El punto de partida

> **El problema básico reside en clarificar el lugar inicial que la palabra tiene en el teatro. ¿Hasta qué punto puede la acción prescindir de la palabra como punto de partida? Al ser ficción, realidad artificial o artística, parece necesario que la palabra ocupe un lugar inicial.**

Lo teatral incluye necesariamente la palabra. En la historia de la humanidad, lo primero no fue el verbo sino la acción. Lo primero fue un balbuceo, un gesto sonoro, pero la palabra, como tal, como fonema y sintagma, tarda en aparecer sobre la faz de la Tierra. En la historia de cada individuo también sucede algo similar: mucho antes de que llamemos enchufe al enchufe, ya sabemos que no hay que introducir el dedo en sus orificios, porque una vez lo hicimos y experimentamos las consecuencias.

La experiencia conduce a un conocimiento por intercambio con el medio sin que para ello sea necesario nombrar aquello que hace posible el intercambio.

La palabra como significado ocupa un lugar en la evolución del individuo y de la especie no causal, sino de efecto. Por el contrario, en la iniciación de cualquier proceso vinculado a lo teatral, es causal. Una causalidad ciertamente relativa, pero existe un origen vinculado a la palabra que la convierte en origen de una elección y, en el mejor de los casos, de un proceso de elaboración de un proyecto escénico.

El referente claro es Stanislavski y ello tiene que ver con su forma singular de experimentar en la búsqueda de los orígenes y del desarrollo de la vivencia en el actor. En los procesos de ensayo, y mientras exploraba vías que condujeran a la vivencia, se dio cuenta de que no era sólo un problema de expresividad prematura. Como respuesta al problema, imaginó una situación ideal de comienzo de ensayo donde ninguno de los actores conociera la obra que se comenzaba a ensayar. Pretendía que la confianza adjudicada al director condujera a que las conductas que comenzaran a surgir como consecuencia de las improvisaciones no estuvieran condicionadas por la presencia de la palabra como desencadenante. El desarrollo de las acciones sobre la base de los conflictos debería converger progresivamente hacia la palabra, permitiendo al actor aterrizar suavemente sobre ella. Stanislavski, en definitiva, proponía trabajar para llegar hasta la palabra y no partir de ella.

La obra era *El inspector*, de Nicolái Gógol, fácilmente reconocible para cualquier actor ruso. Ello hacía imposible que los actores prescindieran por completo del referente argumental. Todo esto nos hace pensar que no es nada factible renunciar a la palabra como origen de un proceso, a no ser que desaparezca el factor tiempo de elaboración renunciando a cualquier inducción que pueda ser recibida como un forzamiento para acelerar el momento de llegada a la palabra escrita.

Otra cosa es la superficie de desarrollo material, es decir, la diferencia entre los comienzos y los orígenes.

El inicio real, independientemente del planteamiento material (análisis del texto, ensayos de lectura expresiva, improvisaciones con texto o sin texto, etcétera), tiene que ver con la palabra. Desde el teatro más comercial al más vanguardista.

Lo que ocurre luego en los ensayos y el trabajo con el actor propiciará aproximaciones muy diferentes a la palabra. Pero en todos los casos hay un común denominador que nos remite al lugar inaugural de la palabra en cualquier proyecto teatral.

El triunfo sobre el lenguaje

> **Quizás convenga recordar que el teatro es texto y representación. El excesivo peso de la palabra dio como resultado el intento de devolverla a su lugar, primero con Stanislavski, que la retornó al cuerpo para hacerla viva, natural y creíble, liberándola de la ampulosidad y el arte declamatorio al que estaba sujeto el teatro en su conjunto. Luego llegó una reacción contra la palabra misma y, con ello, todos los excesos de la expresividad corporal y del predominio de la imagen, no ya sin palabras, sino en oposición a la palabra. Hoy estamos de vuelta de todo ello y buscamos situar la palabra en un lugar adecuado, intentando no separarla de la acción ni de la imagen.**

Es aquí donde la presencia de Stanislavski es decisiva, porque hasta su llegada la tendencia era trabajar para vencer la dificultad del lenguaje.

Cuanto más revelador es el lenguaje, más superficial. Cuanto más oculto es lo que se quiere expresar, más profundo es aquello que se intenta transmitir, nos cuenta Engels en una máxima ya universal porque aborda los mínimos de exigencia de un artista dispuesto a no renunciar a los contenidos para facilitar la comprensión de quien observa.

Con el precedente del Siglo de Oro marcando una pauta de gran calado lingüístico, vencer la dificultad del lenguaje no era poca cosa. Se demostraba la capacidad del intérprete con relación a la palabra.

Con Stanislavski ya no se trata sólo de vencer la dificultad del lenguaje. Aunque no desaparece la palabra como presencia organizadora inicial, surgen otros problemas.

Ya no sólo es necesario plantearse qué es lo que se debe hacer para poder decir lo que se tiene que decir.

No obstante, si reducimos a su mínimo exponente el trabajo del actor, podemos decir que actuar es hacer lo que tengo que hacer para poder decir lo que tengo que decir. Descubrir que hay algo más, ya que la reducción está muy cerca de la mediocridad o, en el mejor de los casos, de la corrección técnica básica: es el inicio del viaje hacia un actor que se atreve a superar los modelos que le preceden.

En la etapa formativa hay otras prioridades. Entre ellas, vencer las dificultades que uno tiene para expresar; comprender los significados; conectarse con lo que se dice en los ecos de la propia resonancia o la dicción y la emisión como espacios no opuestos a la vivencia. En definitiva, la aparición de un nuevo sentido de la verdad que se nutre de la vida pero la supera. Es ahí donde es factible que el actor encuentre los caminos necesarios para llegar a su propia palabra.

Exigir al cuerpo
para rehacer la palabra

> Algunas propuestas creen que basta con disciplinar el cuerpo, con someterlo a un duro entrenamiento, para que la palabra se «encarne». El problema de la palabra se desplaza al cuerpo, sin plantear la propia materialidad o especificidad de la palabra misma. Está claro que la palabra se materializa en el cuerpo del actor y que no puede resultar natural, «orgánica», sin una integración en su cuerpo.

Es interesante recordar lo que propone Eugenio Barba. La tarea con el cuerpo ocupa un sitio preponderante en la práctica cotidiana. Para Barba, no es posible encontrarse con la acción escénica o la palabra sin un entrenamiento cotidiano. Hace más de cuarenta años que existe el Odin y sigue siendo una elección de cada mañana incorporarse a primera hora para entrenar. Esto tiene poco que ver con el espectáculo que están haciendo, y sí mucho que ver con los actores como instrumentos psicofísicos a disposición de un proceso de trabajo. Ya no se trata de vencer las dificultades de la palabra, sino salvar las resistencias que uno mismo tiene para poner la cabeza y el cuerpo en condiciones de asumir la tarea.

Cada uno entabla la batalla que puede para convertir su cuerpo en un instrumento preparado para actuar. Más allá de las poéticas a las cuales se dispone a servir con su trabajo, el actor debe ser consciente del significado que tiene su entrenamiento.

Ni el texto ni las vivencias del actor

> Aunque en escena hay que entenderla como acción, de lo que se trata, por tanto, es de no negar la palabra como origen. ¿En qué sentido es acción? En la declamación pura, la unión entre significante y significado está muy desdibujada; por un lado, se da mucha importancia al significado y, por otro, el significante se independiza del significado. Es necesario revitalizar la palabra: no negarla, sino ligarla al cuerpo, atándola a lo orgánico, a las acciones, a una situación y a un conflicto. La palabra, como todas las instancias técnicas de las que estamos hablando, no está aislada. Todo lo que hace el actor sobre el escenario es acción, y una de las acciones que realiza es la palabra: el actor, entre otras cosas, habla, y hablar es actuar. Es fundamental aclarar los problemas con los que se encontró Stanislavski al definir su lugar.

El discurso de Stanislavski no está exento de algunas contradicciones que enriquecen las variables técnicas a disposición del trabajo de los actores.

Hay una primer abordaje técnico donde se da prioridad al creer como puente para poder hacer. Hay una segunda etapa donde las prioridades se invierten.

La primera etapa es la que da fundamento al llamado método del Actor's Studio y sus actuales continuadores. Podemos pensar que respondió a la información que circulaba. Tanto la transmisión oral de aquellos que habían trabajado en los comienzos con el maestro ruso como los escritos iniciales contenidos en el texto que acabó siendo denominado *Un actor se pre-*

para, compendio de *El trabajo del actor sobre sí mismo en el proceso creador de la vivencia*.

En esa primera etapa se trata de integrar un texto que debe articularse con las experiencias vitales del actor. Al sustituir las vivencias del personaje por las del individuo, Stanislavski intentó paliar la ausencia de recursos técnicos interiores propios del actor de su tiempo, lo cual condujo a una sobrestimación del individualismo.

Esta nueva posición parece significar que Stanislavski renuncia a trabajar sobre un objeto lingüístico a cambio de trabajar sobre una situación, de la cual deviene una conducta. No sobre una conducta pretérita que se debe recuperar, sino sobre una conducta que en el proceso de los ensayos va siendo elaborada. Una búsqueda hacia delante, no hacia atrás. Hacia algo que no existe. Algo que no se tiene. Algo que hay que fabricar.

Lo que hay que construir establece cierta fidelidad hacia lo textual porque se extraen conflictos que conducen a situaciones y conductas nacidas de un origen vinculado al texto. Esa extracción, cuanto menos predeterminada, mejor. Es un problema a averiguar. Un desarrollo a conseguir. Una opción a concretar.

En un primer momento, vemos en Stanislavski que la prioridad es lo que un individuo tiene que creer para poder hacer. Remite al individuo antes de empezar a ensayar. La palabra no predetermina lo que vamos a hacer, pero los contenidos de la experiencia parecen querer determinarla, a pesar de que no sabemos cuáles son las acciones que vamos a descubrir.

En una segunda etapa, Stanislavski sostiene que de lo que se trata es de que empecemos a hacer para luego creer, y no al revés. Es lícito preguntarse quién hace, si el personaje o el actor. Esto nos conduce al popularizado «sí mágico».

¿Qué haría yo si me encontrara con el fantasma de mi padre? ¿En qué tengo que creer yo para poder encontrarme con el fantasma de mi padre? ¿Qué es lo que tengo que hacer para poder descubrir cómo debo ir al encuentro del fantasma de mi padre?

Los interrogantes quizás cifren la respuesta: disponerse al encuentro de las motivaciones.

Completar lo que hace con lo que tiene

> **La palabra puede llegar a ocupar un lugar equivocado en el proceso de construcción y definición del personaje. Si se parte de que la palabra define previamente al personaje, todo el trabajo se orienta en un sentido muy distinto al de partir del hecho de que el personaje no está contenido en la palabra, sino que la palabra simplemente es una incitación, un punto de partida para construir el personaje. Es muy distinto partir del supuesto de que ya existe algo dado que el actor debe simplemente incorporar, a partir del hecho de que es precisamente el actor el que debe crear al personaje y descubrirlo a través de preguntas que se hace sobre sí mismo, sobre la palabra y sobre el conflicto, y que, en último término, sólo podrá definir a través de acciones concretas.**

Se trata de un proceso integrador y, al mismo tiempo, superador. No es copiar, traducir o reproducir lo que la palabra dice. El que está ejerciendo la búsqueda es siempre el actor; esto hace inevitable la aparición de la resonancia, de los ecos. Es ineludible llegar a un reconocimiento de algo vivido que dote de solidez a la implicación puesta en aquello que está ejecutando.

El actor va completando lo que ve con lo que sabe, lo que averigua con lo que tiene. En ese desarrollo van surgiendo aspectos que lo vinculan con el personaje. Y, en la medida en que lo vinculan, va pasando gradualmente de él mismo a la conducta del personaje.

En el desarrollo, lo que él ha integrado de sí mismo es todo lo que ha podido descubrir para sostener mediante la identificación y una sólida implicación el personaje que está construyendo.

En la conclusión de esa búsqueda, cuando hay una conducta del personaje claramente definida, aquellas cosas de sí mismo que sostienen lo que está haciendo no son las que determinan la conducta, son las que aportan contenido.

Del vacío metafísico al vacío técnico

> **Una cita de Antón P. Chéjov nos servirá para plantear la relación entre acción y palabra: «Lo mejor es huir de la descripción del estado espiritual de los personajes; hay que procurar que éste sea entendido a través de las acciones de los personajes». Chéjov, en cuyo teatro la palabra ocupa un lugar fundamental, no duda en afirmar que el estado espiritual de los personajes tiene que manifestarse a través de sus acciones. Stanislavski, al trabajar con Chéjov, liga la palabra a la acción. Otra cosa le ocurre cuando se tiene que enfrentar con otro tipo de textos.**

Puede ser de interés ver qué ocurre cuando Stanislavski se encuentra con Chéjov y qué ocurre cuando se encuentra con Shakespeare.

En el universo ético y estético de la obra más madura de Antón Chéjov, donde es más lo que se oculta que lo que se muestra, la presencia de la acción como elaboración de la contradicción es el valor fundamental.

Una tendencia que es habitual observar es que la palabra, colocada en un lugar de sobredimensión de lo lingüístico, convierte los espectáculos de Chéjov en cataratas de la nada. En un intercambio de palabras que no remiten más que a la abulia, a la pesadez, pero no a la abulia y pesadez de los personajes, que desean superarla, sino a la de los actores que, como no tienen con qué trabajar, hablan. Sólo hablan, y como lo que cuentan los personajes de Chéjov es intrascendente, si la identificación con relación a lo que ocultan no se da, lo único que se produce es una inercia de pasividad en nombre de la abulia de los personajes. Los espectadores acaban asociando a Chéjov con algo tedioso y agotador.

La ausencia de contradicciones puesta en las acciones debe ser reemplazada por aquello que el actor pone en el cuerpo para dar cuenta de la contradicción.

Precisamente lo que le hace hablar o callar. Todo aquello que le ocurre y logra poner en el cuerpo como proceder activo, intraconflictivo y por lo tanto contradictorio, convierte a Chéjov en algo repleto de pulsiones vitales.

Si los actores encuentran lo que tienen que hacer, habrán hallado la forma de aplicar las contradicciones. Eso que les lleva a ocultar lo que les está pasando y a proyectarlo en el desarrollo de la acción.

No es de extrañar que Chéjov planteara que lo que importa no es tanto comprender lo que dicen sus obras, sino lo que no dicen. Entenderlas no es ponerse alrededor de una mesa y examinar en profundidad las crisis existenciales de todos los personajes; es entender con qué tengo que trabajar para poder proyectar lo que no dicen en la realidad de la escena.

De lo contrario, el vacío lo inunda todo; no el vacío metafísico que pretende Chéjov, sino el vacío técnico, interpretativo.

Los conflictos internos están sujetos a una cierta fractura en la continuidad de los conflictos externos. Los conflictos con uno mismo puestos en el cuerpo ralentizan los conflictos con los demás y, por lo tanto, los intercambios que acaban modificando al otro.

El vacío existencial tan reconocible en la dramaturgia chejoviana es dependiente de la dificultad de los personajes para operar sobre la realidad circundante. Porque los personajes chejovianos no pueden modificar aquello que los tiene bloqueados, por eso son personajes de Chéjov. Si pudieran expresarse, dejarían de habitar esos mundos de conflictos internos tan reconocibles.

Como no pueden modificar al otro se modifican a sí mismos. En lugar de explotar, implotan, y este lugar de la contradicción es el que alimenta el lado más fértil del gran autor ruso.

Shakespeare contra Chéjov

> **El teatro de Chéjov contribuyó a que Stanislavski afianzara su revolución técnica, su lucha contra la falta de naturalidad en el trabajo interpretativo, lo que le llevaría al descubrimiento del llamado «método de las acciones físicas». Cuando se tiene que enfrentar con otra palabra, como le ocurre con Shakespeare, se plantea nuevos problemas para los que no acaba de encontrar una solución técnica adecuada.**

Stanislavski, preocupado por la construcción del personaje, quizás influido por quienes criticaban sus excesos naturalistas, acabó entendiendo que las verdades de la vida no tenían por qué ser las verdades de la escena. La conducta del personaje, por más auténtica, vital e intensa que se presente, siempre deberá ser una verdad que debe ser representada.

Amparado en la dramaturgia de Chéjov, Stanislavski desarrolla nuevas teorías con la pretensión de que conduzcan a una práctica sobre la acción.

Cuando se encuentra con el *Otelo* de Shakespeare, enuncia por primera vez el concepto de la palabra como forma superior de acción.

El contenido y la forma de la palabra shakesperiana es muy difícil de ser articulada con la naturalidad que cabe en la palabra de Chéjov.

En el universo de Shakespeare existe una naturalidad más compleja, pues, aunque se nutre de ritmos externos que podemos reconocer de la vida, no es una copia de ésta.

En los personajes de Chéjov la vida está hablando, en voz muy queda y ocultándose. Hacer visible el subterfugio, lo que está por debajo de lo que se dice, forma parte de la legitimidad chejoviana. Descubrirlo y ponerlo en el cuerpo es la inevitable condición que impone trabajar con un autor como el ruso.

La verdad de la vida no es representable como tal, no tiene ningún interés para la escena. Habitar a Chéjov desde esa verdad cotidiana es convertirlo en una muy aburrida telenovela.

Cuando Stanislavski se enfrenta a Shakespeare se establece una necesaria relación comparativa.

Desde el punto de vista formal, uno puede suponer que el hacer y el decir de los personajes de Chéjov es asimilable a las conductas o palabras de la vida de aquella realidad social y cultural de Rusia.

Por el contrario, es imposible pensar que alguien hable como Romeo o como Otelo. Desde la lógica de los comportamientos cotidianos es difícil comprender que alguien, antes de matar por celos a su mujer, se preocupe de que «las castas estrellas» no observen esa acción. El que Otelo proceda así nos obliga a tener en cuenta esa otra lógica propia de la escena. Nadie hace verso libre de sus tragedias personales; no se asumen los conflictos desde la heroica aceptación de las perversas patologías que los envuelven. La palabra ocupa otro lugar. La palabra es poesía, es belleza, es canto, es rima, es juego, retruécano y paradigma sonoro. La palabra acaricia, es guante, es un espacio inmenso de juego, no de ocultamiento. La palabra es compleja en toda su construcción porque reúne todos estos aspectos y los convierte en el discurso de cada personaje.

Tanto es así que hay obras de Shakespeare que se resisten a ser leídas en voz alta. Se tiende a ironizar porque resulta cómico que los personajes hablen de esa forma.

Si lo que se pretende es que la credibilidad interpretativa conduzca a una limpia verosimilitud en el imaginario del espectador, las resistencias con las cuales se encuentra el intérprete son muy grandes. No basta con que se entienda y se escuche. La exigencia de verosimilitud para el actor debe ser la misma que si abordara una situación de Chéjov.

Otelo debe ser tan verosímil expresando sus contradicciones como lo es el Tío Vania con sus ambigüedades. La locura de Lady Macbeth lavándose las manos llenas de sangre imaginaria no es la locura del siglo XX, ni siquiera la locura de su siglo, sino la locura de Lady Macbeth. No sólo remite a la patología del personaje, sino a la coherencia de un discurso estético como es el de Shakespeare.

Reconstruir con los actores las situaciones desde un correcto equilibrio emocional y expresivo es casi imposible, y Stanislavski intentó caminos similares a los que transitó con Chéjov.

Vencer la resistencia del discurso de los personajes shakesperianos calcando lo que en Chéjov había sido factible no se produjo.

Nutrirse del desarrollo de la acción sobre la base de conductas que se tienen asimiladas de la experiencia en la vida y que se reelaboran para crear personajes, no funcionaba.

La ligazón entre esa conducta y la palabra denotaba forzamientos constantes en contra de la verosimilitud.

En esa encrucijada apareció el concepto de la palabra como forma superior de acción. Ya no le sirven al actor las acciones asociadas a una conducta cotidiana. Ahora necesita otro tipo de acción.

El mismo significado para otro significante

> A pesar de la enorme importancia que tiene el concepto de acción en Stanislavski, nunca lo definió claramente. Al confrontar palabra y acción, descubrimos que el concepto inclusivo ha de ser el de acción y no al revés, como pudiera entenderse a partir de una interpretación sesgada del lugar que la palabra ocupa en el teatro clásico. La acción, como recurso técnico que permite establecer una relación orgánica entre palabra y cuerpo, parece ser que sigue siendo para Stanislavski el medio más idóneo con que abordar la dificultad específica de la palabra en el teatro clásico, la palabra poética, tan alejada de la palabra realista o naturalista.

En ningún lugar de las obras completas de Stanislavski existe una definición de lo que es la acción. No obstante, encontramos contenidos suficientes como para que el enunciado de un discípulo, Boris Zahava, la defina: «es aquel acto de la voluntad consciente tendente hacia un fin determinado».

Lo que está claro, con definiciones o sin ellas, es que Stanislavski siempre está preocupado por los porqués y los para qués. El porqué remite a la voluntad consciente y el para qué a lo de un fin determinado. Cuando intenta abordar el texto shakesperiano, no consigue esa relación orgánica entre palabra y cuerpo. Eso le lleva a desplazar la palabra hacia un constituyente activo asociado a la complicidad del espectador y a la capacidad de imaginar con su cuerpo que tenga el actor.

En ello deberíamos integrar una traslación de los componentes técnicos de la acción, pero convertidos en un enunciado verbal, el cual también puede tener un porqué y un para qué. Cuando Ricardo III dice «quita la alabarda de mi pecho, o te pisotearé por tu atrevimiento, mendigo», eso tiene un porqué y un para qué. La expresión posee una causa y un fin, y el espectador podrá ver hacia dónde confluye el texto, la potencia expresiva, de la misma manera que si sólo dijera «quita de ahí esa espada».

Planteamos descubrir una forma que no se tiene. Que no es naturalista ni tampoco realista. Que habita universos de autores en los que la palabra ocupa un lugar muy diferente al que ocupa en Chéjov, Arthur Miller, Ibsen o Samuel Beckett. En definitiva, una contrucción de formas desconocidas aunque las palabras persistan en su significado.

La lógica del absurdo

> En cuanto nos salimos del realismo o del naturalismo, los supuestos técnicos que Stanislavski llevó a la práctica parecen no mostrar la misma eficacia. Cuando la palabra adquiere connotaciones poéticas, su valor formal sitúa la ficción en un terreno de ruptura radical con lo cotidiano. ¿Cómo puede el actor trabajar con esa palabra? Antes de nada, el actor debe situar a la palabra como el lugar de la dificultad y trabajar con ella desde allí.

Cuando nos referimos al naturalismo o al realismo, pensamos en las dificultades del actor al abordar un personaje. Si se trata del naturalismo, el actor buscará copiar la vida, una dificultad estimulada por el modelo de actuación televisiva, que hace de la naturalidad y la espontaneidad el máximo baluarte.

Habría una segunda dificultad, relacionada con cierta metáfora de la vida, que siempre está presente en cuanto nos situamos en un territorio realista, que puede llevarnos desde Antón Chéjov hasta Samuel Beckett. El llamado teatro del absurdo es una forma de realismo con un nivel más alto de metáfora. Las conductas de los personajes las asociamos a un proceder realista, con independencia de que las construcciones textuales estén muy alejadas de la lógica expresiva oral de lo cotidiano.

Es más absurdo Chéjov que Beckett. Chéjov nos obliga a habitar las contradicciones, tan descriptivas de la condición humana, e insta al actor ha hacerse cargo técnicamente de ellas. Si algo rompe con lo unilateral, es la contradicción. Si algo deshace la lógica inherente a un comportamiento realista, es una contradicción.

El amor está muy cerca del odio; la razón, del sinsentido. En la dramaturgia chejoviana eso reaparece una y otra vez. Prevalece continuamente sobre un proceder convencional donde la duda debe ser indisoluble a un buen proceder técnico. El que puede dudar sabe de la técnica. El que no puede, recorre geométricamente la experiencia expresiva y vital que le propone el personaje anulando los conflictos internos y precipitándose así en una conducta unilateral.

Todo ello supone una enorme dificultad para quien actúa. Le expulsa de cierta lógica convencional interpretativa e inevitablemente le impulsa a buscar algo en el lugar de la contradicción; si no, no hay personaje.

No es habitual que un actor sepa trabajar en ese territorio. En Beckett, las opciones se le ofrecen más planas, aunque desde el análisis textual nos cueste mucho superar el hermetismo que parece envolver los contenidos lingüísticos del llamado teatro del absurdo

Una vez que se entiende con qué se puede trabajar para no quitarse el zapato como le ocurre en la primera escena de *Esperando a Godot* a Vladimiro, comienza un recorrido técnico que podríamos proyectar en las sucesivas situaciones. Me refiero a la pelea de un actor con un zapato aferrado a su pie, por la decisión consciente y voluntaria del actor de trabajar con un zapato que ha decidido no poder quitarse.

Cualquier texto de Samuel Beckett se relaciona lógicamente con el desarrollo de las acciones de una manera mucho más elocuente a como sucede en las obras de Chéjov.

Lo absurdo de la lógica shakesperiana

> Es difícil entender el discurso de Shakespeare si no se le adjudica a las palabras un alto valor metafórico. Eso es lo peor y lo mejor del genio inglés, complicado en gran medida por lo que las traducciones desvirtúan.

Intentemos ver cómo se refleja lo expuesto con los intentos de Stanislavski alrededor de la puesta en escena de *Otelo*. Dado que la resolución no podía ser ni naturalista ni realista, las dificultades surgidas de la textualidad le obligaban a descubrir nuevos recorridos.

Cuando un personaje shakesperiano dice «If music by the foot of love give me excess of me» [«Si la música es la comida del amor, dame excesos de ella»], esto lo dice en el marco de una conversación, aunque ello se resista a ser integrado en un comportamiento coloquial.

Cuando nos encontramos con conflictos similares, los individuos no hablamos de esa forma. No hacemos poesía al hablar. No hacemos construcciones metafóricas o metonímicas en nombre de una sonoridad. No hablamos en endecasílabos o formando sonetos.

Desde el humor, ocurre lo mismo en la Comedia del Arte. El lenguaje se inscribe en una relación simbiótica con las situaciones que los personajes plantean en el desarrollo de las escenas. Éstas se alejan de cualquier consideración de tipo naturalista, lo cual impediría que esos personajes desarrollaran los conflictos en la forma caprichosa que los caracteriza.

Cuando entramos en el territorio de los problemas que el lenguaje promueve, ya sea en Molière, Shakespeare o Lope, nos damos cuenta de que la primera condición a establecer, aunque parezca obvia, es que los individuos no hablamos de esa forma. De lo contrario, forzamos el desarrollo del trabajo para que sea posible naturalizar el lenguaje en particular y la conducta en general. En nombre de la espontaneidad que le pedíamos al actor cuando hacíamos realismo, también le pedimos ahora cuando estamos haciendo Shakespeare que venza la dificultad del lenguaje.

Situaciones en las que dos personajes, en un gran esfuerzo por naturalizar el comportamiento, emitan textos interminables como si nada ocurriera, como si fuera inevitable hablar así.

Lo importante, sin embargo, es no forzar el trabajo para neutralizar el lenguaje y la conducta, evitando así que la representación resulte aburrida y el lenguaje se convierta en algo alambicado, rebuscado y falso.

La forma que hay que descubrir

Frente a la palabra, la opción del actor es situarse en el lugar de las preguntas y no dar por sentado una forma previa de interpretar un texto clásico o poético o no realista. Muy al contrario, esa forma debe descubrirse en el proceso de los ensayos.

Al mismo tiempo, con ello, el actor conjura los múltiples peligros que el acercamiento a esos textos lleva consigo. Los ensayos son el lugar en donde se combaten esos peligros: en ellos, el actor se pone ante la necesidad de preguntarse e investigar.

La consecuencia de la palabra como dificultad específica debería conducirnos a una opción formal entre el naturalismo y el realismo. Sin una idea de ruptura con lo que sabemos, conocemos o vivimos, podemos hacer pasar a Shakespeare, Lope o Molière como naturalistas cuando en realidad se trata de un realismo expresivo en combate permanente con un realismo psicológico.

No hay una forma previa, una opción determinada antes de comenzar un trabajo. Si partimos hacia la búsqueda de una forma que no tenemos, los ensayos se organizan potenciando positivamente el problema de la palabra.

Entendemos los ensayos como un instrumento para descubrir la forma que antes de empezar a trabajar no poseemos.

Cuando nos preguntamos si hay alguna otra opción formal que no sea realista o naturalista, comienza un proceso de cuya fertilidad se debe hacer cargo la tarea de ensayar.

Esa otra opción formal es inaugural, es la que seamos capaces de descubrir y no aquello que ya conocemos; el predominio de la imaginación y la técnica hará factible que lo que descubramos no sea gratuito desde los contenidos ni impune desde lo gestual. Si no me implico en ese descubrimiento, es inevitable intentar naturalizar la palabra shakesperiana. El error consistiría en el predominio de la naturalidad sobre la fabricación de un artificio que debe acabar por tener su propia naturalidad pero de objeto fabricado. La forma inédita que antes de comenzar los ensayos no conocemos.

Sembrar para cosechar

> El ensayo no es un lugar de paso ni un tiempo para confirmar las expectativas o los supuestos previos de

> actores y directores. Como espacio de descubrimiento, es imprescindible que el actor y el director establezcan un fértil intercambio de lo que proyectan anticipadamente sobre la escena, pero sólo como punto de partida para buscar conjuntamente otra cosa, aquello que no puede ser definido ni determinado previamente.

El ensayo sirve para que uno descubra lo que no puede imaginar. Plantar una semilla. Primero arar y luego sembrar.

Cualquier predeterminación condiciona el desarrollo de la investigación. Si se planifica es para hacerle caso a lo planificado. Cuanto más abierto está el ensayo a que surjan aquellas cosas que no pueden ser pensadas, más fecundo será tanto para quien dirige como para quien actúa. En la racionalización se inscriben las grandes certezas prematuras. Lo que se puede pensar o inventar fuera del ensayo no debería nunca reemplazar lo que se tiene que averiguar en el momento de ensayar.

Los ensayos se han hecho para equivocarse. Todo el tiempo que se pierda equivocándose es tiempo ganado. La riqueza del proceso creador es directamente proporcional a la capacidad que se tenga de asociar el error como algo creativo.

La diferencia entre el ensayo cinco y el cuarenta no es otra que la forma como se metaboliza el error. Si uno desea que en el ensayo cinco ocurran las cosas que tienen que ocurrir en el cuarenta, le habrá exigido al ensayo cinco lo que no debe exigirle.

Cuando se le pide al actor que sea lo más primitivo posible, se le está pidiendo que racionalice lo menos posible. Como inevitablemente no lo va a hacer, porque estamos muy condicionados por aquel tipo de conocimiento en donde predomina el intelecto, pondrá junto a las imágenes y la vivencia los conceptos y las ideas. Lo menos que debemos hacer es no incentivar lo segundo en detrimento de lo primero.

El espacio de ensayo va generando integraciones acumulativas, lugares que se retoman una y otra vez. Si un actor dice «Salió justo lo que imaginé en casa, he logrado poner en el cuerpo lo que imaginé», ello es de relativa utilidad.

Es preferible que el actor acabe el ensayo con la percepción de que hizo lo que no había podido imaginar.

¿Cómo se integra esto con respecto a la tarea del director? En el mejor de los casos, a quien dirige le supone una gran contradicción ocuparse más de los actores que de lo que planificó en su escritorio.

Habitar con dignidad técnica esa contradicción me parece la tarea más importante que debe asumir quien dirige. Pocas cosas deberían estar resueltas *a priori*. El ensayo va diciendo cosas, pero sólo si es factible escuchar sus latidos. A veces muy tenues, a veces más decididos, pero siempre hay algún latido.

Para que el actor, cuando representa, pueda trabajar con la realidad de la escena, antes debe poder trabajar con la realidad del ensayo.

Todos pensamos. Está incluido en el equipaje como origen de cualquier proceso. Es lógico que los directores nos llenemos de imágenes. Es lógico que hagamos diseños de las escenas. Es lógico que tengamos un horizonte de puesta en escena al cual nos dirigimos a la hora de trabajar. A los actores también les ocurren cosas similares. Piensan y elaboran en su particular proceso creador. Siendo esto así, tanto en el ámbito del director como del actor, todo lo que sea incentivarlo es contrario al conocimiento que debe surgir en cada ensayo.

El equilibrio entre orígenes teóricos y más intelectuales y desarrollos prácticos y más empíricos debería ser lo que definiera y caracterizara el trabajo de un actor y un director.

BIBLIOGRAFÍA

Aristóteles. *Poética*, Madrid, Biblioteca Nueva, 1996.

Barthes, R. *El imperio de los signos*, Madrid, Mondadori, 1991.

— *Análisis estructural del relato*, Buenos Aires, Tiempo Contemporáneo, 1972.

Chomsky, Noam. *Reflexiones sobre el lenguaje*, Barcelona, Ariel, 1979.

De Saussure, Ferdinand. *Curso de lingüística general*, Madrid, Alianza, 1993.

Duvignaud, Jean. *Sociología del teatro*, México, Fondo de Cultura Económica, 1973.

Hauser, Arnold. *Historia social de la literatura y el arte*, Madrid, Guadarrama, 1972.

Lévi-Strauss, C. *Antropología estructural*, Buenos Aires, EUDEBA, 1979.

MacGowan, K. y Melnitz, W. *Las edades de oro del teatro*, México, Fondo de Cultura Económica, 1987.

Marx, K. y Engels, F. *Cuestiones de arte y literatura*, Barcelona, Península, 1975.

Oliva, César y Torres Monreal, F. *Historia básica del arte escénico*, Cátedra, Madrid, 1990.

Slonim, Marc. *El teatro ruso*, Buenos Aires, EUDEBA, 1965.

Steiner, G. *Lenguaje y silencio*, Barcelona, Gedisa, 1982.

Ubersfeld, A. *La escuela del espectador*, Madrid, Asociación de Directores de Escena de España, 1997.

— *Semiótica teatral*, Madrid, Cátedra, 1998.

CAPÍTULO V
LA ACCIÓN

El tiempo sin muerte

> La acción es el elemento técnico más importante de todos. Va a ocupar el último lugar de nuestra reflexión. Este lugar de broche es también un lugar de apertura, de interrogación, porque no se puede decir, ni explicar, ni comprender todo lo que la acción significa si cada actor no experimenta dentro y fuera de sí el sentido y el lugar que la acción tiene en su trabajo. Drama, etimológicamente, remite a acción, y acción a actor. Interpretar, representar, es, ante todo, actuar, desarrollar una estructura de acciones ante el espectador. La acción es, en primer lugar, un acto o una sucesión de actos en el tiempo. Mediante la acción el teatro construye no sólo su espacio de ficción, sino también el tiempo de ficción en el que la realidad de la escena vive su propia vida. Un tiempo detenido, un presente absoluto.

Si el tiempo es el tema del teatro, el arte es el tiempo. La diferencia entre el hombre y el animal se refiere al tiempo, una facultad que pertenece a los seres humanos. En el arte, el tiempo ocupa un lugar más significativo, el arte lo detiene, lo inmortaliza en un presente continuo.

El actor, al jugar en ese espacio de eternidad que le confiere ese momento en el que está trabajando, parece situarse justamente en el lugar opuesto a aquel en el cual se desarrollan los procesos de investigación.

Los procesos de investigación son el tiempo pasado.

Podríamos afirmar que Stanislavski resulta obsoleto como director. Sin embargo, como maestro de actores y creador de técnicas sigue siendo muy válido.

Ello es así porque nos insta a abrir su tiempo a los tiempos que vinieron después, esto es, a todos los desarrollos que las ciencias humanas y sociales aportan sobre lo que Stanislavski propuso. Nuestro deber es amplificar su discurso, enriquecerlo desde la dinámica misma de la evolución del arte y su articulación con el desarrollo del pensamiento.

En estos días nuestros de globalización, la subjetividad ha sido colonizada. Este proyecto, amparado por la mayor parte de los medios de comunicación, pretende hacernos creer que la globalización es tan inevitable como la ley de la gravedad. Sin embargo, no es el orden natural de las cosas, tal como se pretende que crea la humanidad. Algo idéntico ocurre con la técnica interpretativa, la cual está sujeta a unos valores que potencian el individualismo en nombre de una metodología que es esclava de una ideología.

El actor debe poder elegir una técnica porque ésa es su forma privada de metafísica. No existe una técnica ideal probada en certezas ajenas que mida la rentabilidad de un producto, aunque éste sea de índole artística.

Revalorizar la acción es ponerla en juego con todas sus consecuencias. Atreverse a pensar para el actor de nuestro tiempo no es volver a la Ilustración; es poner en suspenso un discurso emanado de una sociedad que anula lo mejor de Stanislavski potenciando el individualismo y negando la comunicación como eje de la conducta. Ese discurso, lamentablemente, se ha instalado en las escuelas psicologistas como el recurso adecuado para resolver las tramas de cada persona en vez de profundizar en las dificultades de articular al individuo con la técnica.

Hacer para creer

> **En el teatro todo tiene que ser visto y oído. Este principio nos obliga a redescubrir la acción como un espacio donde ocurre todo: lo psicológico y vivencial, el texto, el subtexto, la intención, el personaje, el tema. Sólo así se vuelve teatral. La acción es aquello que lo integra todo.**

Un actor debe estar preparado para investigar, para buscar, para conocer lo que le falta. Cuando empieza a trabajar, trata de establecer un conocimiento con relación a un objeto que debe crear. Ésa es una de las claves a través de la cual podemos colegir lo que Stanislavski verdaderamente intenta cuando trata de superar el problema de lo lingüístico, abordándolo desde la situación y la acción.

Así, el modelo del director ruso incorporó la técnica de la acción física, una postura renovadora frente a la dictadura del texto. Ya no se establece un conocimiento sobre la incentivación intelectual o analítica. Se intenta hacer una extracción situacional, una extracción conductual, que permita trabajar en el desarrollo de los ensayos conociendo algo no sólo desde el punto de vista lingüístico.

Pero lo importante es que se transgrede ampliamente lo lingüístico sobre la base de un desarrollo de situaciones y objetivos, teniendo en cuenta circunstancias dadas que se integran en el conflicto y que no son simplemente aquello que quiere un personaje con relación a su conflicto, sino cómo se integra eso que quiere respecto a unas circunstancias anteriores al comienzo de la acción.

Elegir la acción, no el resultado

> **Es aquí donde resulta más necesario un diálogo fértil con Stanislavski, y esto es así porque nos situamos en el centro de sus investigaciones, de lo que él abrió y que nosotros podemos seguir investigando. La relación entre aquello con lo que el actor puede identificarse a partir de lo que él tiene (el sí mágico) y aquello que el actor tiene que descubrir y que no tiene, es lo que marca la diferencia entre el primer y el último Stanislavski, el de las acciones físicas.**

Es de interés analizar cómo operó el tan reconocido *sí mágico* que Stanislavski, durante mucho tiempo, utilizó como palanca para abrir la imaginación. No fue fácil para él diferenciar una consideración racional alrededor de «qué haría yo si» tengo que realizar las acciones que tienen que ver con la identificación –creer desde mí–, para poder evolucionar desde ese lugar al del personaje, y aquella otra, distinta, consistente en trabajar para descubrir en qué tengo que creer.

Si antes de empezar a trabajar resuelvo con que cosas mías me adscribiré al personaje o en realidad me pongo a trabajar para ver si descubro qué es aquello del conocimiento desde la práctica que puedo utilizar para creer en algunas conductas que hagan posible la vida del personaje.

Una cosa es el *sí mágico* entendido como desarrollo profundamente racionalizado –en el fondo, una manera psicologista de analizar el texto alrededor de aquellas cosas mías que puedo utilizar al servicio del personaje– y otra en qué tengo que creer yo para construir el personaje, teniendo en cuenta que eso lo aprendo, lo tengo que descubrir trabajando, y que eso sólo aparece en la medida en que no se priorize la investigación desde la teoría por encima de la investigación desde la práctica.

El *sí mágico* se refiere al desarrollo racionalizado, a las formas de analizar un texto en relación con aquellos aspectos de la vida interna del actor que son factibles de trasladarse al personaje. Stanislavski intuye que la verdadera dimensión del problema reside en que a veces algunas identificaciones se resuelven como simples sustituciones; en ellas, el actor cambia su vida por la del personaje y se hace manifiesta la trampa de la supuesta verdad interpretativa. Como consecuencia, quedamos instalados en la peor de las opciones. Ante la dificultad de la repetición de las vivencias a favor de lo teatral, se recurre a los viejos clichés, a los estereotipos o, en todo caso, a la reproducción lingüística y mecánica.

Aquí Stanislavski puso su propio sistema en crisis, precisamente porque intentó rescatar al actor de sus propios excesos y convertir la realidad de los ensayos en un lugar no de repetición, sino de investigación. No es fácil rescatar a los actores de los ensayos mecanicistas ni convencerles de que actuar es algo más que decir un texto de manera clara y limpia. En medio de estas disputas se cruza con interpelaciones de gente que se mueve a su alrededor, como Meyerhold y el mismo Vajtangov.

En ese momento, reaparece con fuerza renovada el sentido de la acción como equilibrio entre la identificación y la expresión.

Saber para aprender a no saber

> **La acción es un equilibrio entre mente y cuerpo, de tal manera que no hay separación entre una cosa y otra. La acción pone el énfasis en lo físico, pero en realidad es un componente psicofísico, es un todo. Los actores, en cambio, no lo entienden así, y buscan enseguida una identidad proyectada sobre el personaje que a su vez proyectan sobre la representación. Con ello su atención se malgasta en imaginar la totalidad del personaje, en lugar de concentrarse sobre lo que están haciendo en el aquí y ahora de la escena. Ensayan para repetir y repiten para memorizar cuanto antes, no ya el texto, sino al personaje. Quieren apropiarse de una identidad dada y entienden la acción como una mera forma exterior del personaje.**

Cuando Stanislavski habla de acciones, muchos suelen entender el término como «formas». Ese actor no entiende que en realidad repite para no repetir. Comprende lo opuesto a lo que Stanislavski pretendía decir.

El arte del actor es saber para no saber, repetir para no repetir. Un complicado laberinto el entender que es un saber del no saber, porque si en algún lugar se constituye el saber del actor, es en ese sitio en donde logra plantearse lo que tiene que hacer para que cada función sea nueva.

Empezar cada representación siendo consciente de que ha trabajado para tratar de inaugurar cada día una nueva ceremonia.

La ilusión de la primera vez.

Deja de haber arte en el momento en que hay repetición vacía. La preocupación de Stanislavski por rescatar al actor de las formas es una actitud permanente frente al anquilosamiento de la realidad teatral rusa.

Es significativo cómo el actor se resiste. Entiende acción por resultado. Por forma. Por componente exterior. Por movimiento bien construido. Stanislavski se posiciona frente a eso con un recurso decisivo. Los *porqués* y *para qués*, los cuales le permiten un paso más limpio al problema de la acción, sosteniendo el lugar de la pregunta en oposición al lugar de la respuesta.

Objetivo. Entorno. Acción. Contingencia. Texto

> **Las preguntas fundamentales que el actor se hace con relación a la acción son por qué y para qué. Pero estas preguntas tampoco tienen siempre, y desde el primer momento, una respuesta fija que pueda memorizar mecánicamente. Lo que memoriza o asume es la secuencia de una conducta, pero eso no es lo mismo que memorizar lo que va a pensar, sentir o hacer exactamente sobre el escenario.**

¿En qué momento se pregunta por qué y para qué el actor? Lo hace cuando está desarrollando la acción. Es una pregunta diferente cuando está en el primer ensayo, en el número veinte o en la representación número cincuenta. Esto es así porque el proceso de interiorización de los *porqués* y *para qués* es gradual en su paso de la conciencia a la inconsciencia.

Evolutivamente, el actor se va apropiando de porqués y para qués que va integrando de una manera progresiva hasta que todos ellos están asumidos en la conducta. Ése sería el momento en el cual, aunque no se esté planteando el porqué y el para qué de la acción, cada una de las acciones contiene el porqué y el para qué que han evolucionado en el curso de su proceso.

Hay un momento en el cual el actor ya es todo él una conducta del personaje. En ese momento, todos los para qués transformadores, visualizables, dirigidos hacia lo que le rodea, indican un comportamiento exterior.

Pero el actor no trabaja la macroconducta, trabaja la microconducta, que es el conjunto de los para qués transformadores.

La conducta del personaje se ve allí donde existen los para qués. ¿Qué es lo que rescata al actor del exceso técnico que los para qués transformadores que con relación al compañero podrían producir? Los porqués motivacionales.

Cuando el actor está sosteniendo un para qué, viene de un porqué, y cuando está desarrollando un porqué, viene de un para qué, concretamente de aquel que otro compañero generó sobre él o su entorno; en definitiva, es un desencadenamiento que ahora detenemos para poder hablar de ello, pero sólo existe en la medida en que es un proceso dinámico.

En esa dinámica de porqués y para qués que acaban configurando una gran secuencia de acciones que Stanislavski denominó fundamentales se inscribe la contingencia que hace de vía conductora entre las acciones elegidas. Éstas responden unilateralmente al objetivo, mientras que la contingencia restaura el equilibrio técnico deshaciendo la unilateralidad con contradicciones e impulsos.

La acción se nutre del conflicto con el otro y con el entorno. La contingencia de los conflictos internos o intraconflictos puestos en el cuerpo impiden que el actor se acomode a una escucha convencional, exigiéndole la incomodidad como paliativo técnico para no dejar de trabajar.

La vida del personaje es la consecuencia de una estructura técnico-interpretativa que incluye cinco elementos: objetivo, entorno, acción, contingencia y texto.

La condición técnica del actor debe medirse por la capacidad que adquiere para trabajar sobre cada componente de la estructura técnica interpretativa. Por su destreza para profundizar en cada componente cuando detecta una carencia y por la conciencia que adquiere de que la repetición no anula su excelencia técnica.

Éste es el factor que hace posible que de una misma escena surjan diferentes productos artísticos, pues la condición misma de la creación hace de la diferencia un pilar constituyente. Es lo que denominamos la «técnica del archipiélago». Igual que las islas que lo constituyen, separadas todas ellas por el agua, lo que las une es lo que las separa.

Lo que diferencia a un personaje de otro es lo que los hace iguales. No es una poética específica, sino una forma de investigar construyendo que hace factible que de los mismos personajes y de una misma situación aparezcan resultantes diferenciadas.

El tercero incluido

> **Toda acción tiene un porqué y un para qué. El por qué remite al sujeto, el para qué determina la relación con el otro. El porqué es una flecha que va de afuera adentro, es introvertido; el para qué es una flecha**

> que va de adentro afuera, es extrovertido. Se trabaja sobre el para qué, que es lo que el actor puede objetivar, pero el porqué está siempre presente. La acción física integra ambas preguntas.

El porqué remite a uno mismo; el para qué, al otro. El porqué remite a lo motivacional y tiene que ver con el sondeo que la acción realiza hacia lo interior para descubrir con qué se trabaja; el para qué tiene que ver con aquello que fuera de sí el actor intenta modificar. Si hay otro, lo que intenta modificar es al otro, pero, si no lo hay, el actor trabaja con algún otro que está interiorizado. Siempre hay otro.

El espectador es testigo. Es el tercero incluido. En realidad, no hablamos de otra cosa que de comunicación con testigos presenciales.

El objetivo superior es que dos o más personas se comuniquen entre sí en la condición de la escena habiendo aprendido a dejar un hueco para la mirada y la escucha del que está afuera. El público.

Es probable que el definitivo valor de un hecho escénico se mida en relación proporcional a que la comunicación sea también de carácter inconsciente. En todo caso, la chispa que se produce entre los sucederes psíquicos inconscientes interactuando convierte un buen espectáculo en un gran espectáculo.

Cuando hablamos de acción, de porqué y para qué, podemos pensar que el porqué debería tener que ver con la comunicación con uno mismo y el para qué con la comunicación con el otro; pero, en definitiva, hablamos de comunicación. Es entonces cuando puedo decir con convicción que lo mejor que uno tiene en la escena es el otro.

Ese compañero de viaje que sustrae al actor de la pasividad y fortalece los vínculos, la concentración, los impulsos, el gesto expresivo y las vivencias.

Estar presente me indica adónde ir

> **El subjetivismo, inherente al trabajo del actor, puede ser una trampa de la que sólo puede salir si mira hacia fuera, hacia el otro. Cuando el actor enfatiza la relación consigo mismo y busca la solución a los problemas del personaje sólo dentro de sí mismo, se da de bruces contra un muro. No incorpora a su trabajo la relación con el otro, un terreno fértil para definir la conducta de un personaje. La salida en falso, ante la imposibilidad de trabajar con el otro, es que el actor acaba inventándose al personaje impidiendo que resulte verosímil.**

Si el actor está presente en todo aquello que está haciendo, eso le va a decir hacia dónde debe ir. De lo contrario, tiene que estar inventándoselo todo el tiempo. En este caso asociamos invención a racionalización, es decir, inventar la realidad del trabajo en oposición a descubrir esa realidad en un intercambio sujeto al aquí y ahora de la representación. Si lo está inventando lo está falseando. Puede fingirlo con mayor o menor eficacia, pero no está sujeto a lo que circula. El otro es el que, en definitiva, confiere solidez a la presencia, y ello es así de forma mutua y recíproca.

Reducido a sus menores exponentes, el teatro no es más que una variable constante de estímulos y respuestas. La pregunta es «quién» da los estímulos y «quién» genera las respuestas, las cuales se convierten en nuevos estímulos, o cómo conseguir que no se detenga un intercambio que una vez desencadenado no se pueda bloquear.

¿Quién se ocupa de generar estímulos y respuestas? Los actores. Pero no es poco habitual ver a actores que están esperando su turno para hablar como si de organizar el orden de las réplicas se tratara. O actores que buscan un lugar en la escena en donde ser mejor y más observados por el espectador. No es raro encontrarnos con actores que desplazan la comunicación con aquello que les rodea, la comunicación con otros seres humanos, por otra comunicación que está fuera de la escena.

Los orígenes del gran cambio en el trabajo interpretativo del siglo pasado están ahí. Stanislavski intentó modificar una comunicación que era directa con el público por otra que surgiera de la comunicación entre los intérpretes.

Cuando hablamos de comunicación, como consecuencia de un proceder técnico, estamos hablando de rigor, de autoexigencia. El *porqué* y el *para qué* son apuestas técnicas por la comunicación.

Sólo puede ver mientras no vea

La comprensión plena de los porqués y para qués es decisivo para un actor. Nuestro esfuerzo pedagógico conduce hasta este punto crucial. El actor ha de ser capaz de hacerse la pregunta adecuada en el momento preciso y ser capaz, además, de mantener esa pregunta el tiempo necesario.

LA ACCIÓN

Hemos intentado, en un marco pedagógico, subrayar algunos aspectos de las dificultades con que el actor se encuentra a la hora de entender qué es la acción y la magnitud técnica de sus componentes.

Es cierto que hablamos de un abordaje técnico, pero no es menos cierto que éste, para que funcione, ha de articularse con lo metafísico. Estamos en el territorio de la filosofía, pero no por ello abandonamos el del arte. Justo en la mitad del camino, imaginemos a un hombre del Paleolítico que acaba de comerse el cervatillo que ha cazado. Se siente satisfecho, a gusto; mientras realiza la digestión, surge el deseo de hacer el amor con la compañera que está cerca, compañera con quien ha compartido la caza. Cuando acaba de hacer el amor, la mujer se va hacia el interior de la cueva y él se queda mirando el cielo. Levanta la cabeza y ve unos puntitos brillantes. ¿Cómo es que están esos puntitos ahí? ¿Hay un Dios que los puso, un hombre gigante, que está ahí sosteniéndolos? ¿Qué es eso que tiene encima de su cabeza? ¿Una tela inmensa? ¿Esos fueguitos que titilan quién los enciende? Ahí aparecen preguntas alrededor del saber. Con ellas se funda la ciencia y la religión.

Ese hombre está vivo porque se está preguntando algo, y esto forma parte de la condición humana. Nos viene persiguiendo como condición inherente a lo humano desde los orígenes de la especie. Cuando un actor no es capaz de sostener preguntas se aleja de lo humano y se acerca a lo mecánico. Se niega a sí mismo la opción de descubrir la diferencia que hay entre trabajar desde la pregunta o trabajar para la respuesta.

No es fácil que un actor descubra el sentido que Stanislavski pretende de una acción si no descubre primero cuál es la diferencia que hay entre trabajar desde la pregunta o para la respuesta.

Si uno le plantea a un actor que «sólo verá mientras no vea» o que «sólo escuchará mientras no escuche», estamos hablando de instaurar un paradigma técnico: saber para no saber.

En definitiva, el actor sabe todas las cosas. Sabe lo que está representando, cuáles son las acciones, qué es lo que tiene que decir. La mayor parte de lo que le va a permitir desarrollar esa representación tiene que ver con un conocimiento previo. Es prisionero de ese conocimiento y tiene la obligación de liberarse. Al mismo tiempo, ha trabajado mucho para saber bien qué es lo que tiene que hacer, ha trabajado mucho para no olvidar cuál es el desarrollo estructural de las acciones y cómo están articuladas con ese texto que tiene que decir.

Una doble condición le habita. Ser el actor que más sabe de su trabajo es ser el individuo que ha aprendido a saber cómo se hace para no saber.

Desde la opción ética a la opción técnica

> **Saber y no saber, ésta es la cuestión para el actor. Saber para no equivocarse, para no inventar, para no perderse en la escena, para tener una estructura, un punto sólido sobre el que asentarse y ofrecérselo al compañero. Pero también, no saber para no repetirse, no saber para no mecanizar, para que el encuentro con el otro sea verdadero.**

Es la contradicción técnica que define y caracteriza el trabajo del actor. Quien asume y comprende la tarea desde dentro de esa contradicción acaba instalado en el trabajo desde la pregunta.

Pensemos en dos personajes frente a frente. Uno habla, el otro escucha. El segundo, que observa la mano del que habla, decide no saber que la mano de su compañero tiene cinco dedos. En el momento en que decide postergar el saber de los cinco dedos por la pregunta alrededor de cuántos dedos tendrá la mano del compañero, empieza a trabajar con algo que conduce a una conducta. Se desplaza. Trata de orientar su cuerpo con relación a observar la mano desde otra perspectiva, trata de elegir un lugar de observación que le permita ver si hay algo que le está ocultando.

La pregunta por los cinco dedos no desaparece y, sin embargo, ese trabajo puesto en su cuerpo es decodificado por el espectador como una respuesta.

No anticipar no es más que repetir las mismas acciones y las mismas palabras para no repetirlas. Esa elección no es sólo ética. Es marcadamente técnica, aunque se proyecta y nace desde una postura ética en relación con cómo se asume una práctica.

Cuando el actor tiene que hacer inevitablemente un recorrido basado en acciones y textos; cuando tiene que decir y hacer lo que debe porque posteriormente al otro actor le corresponde hacer lo mismo con su intervención; cuando el actor no tiene otra opción que someterse a eso que legitima la condición de trabajar con otros y sabe que el otro no puede estar sometido a algo arbitrario; cuando debe respetar las orientaciones básicas que hacen posible la representación, lo único que puede cambiar es cómo se instala él, desde qué lugar se plantea él las leyes de la representación.

En definitiva, no son más que opciones técnicas para instaurar la comunicación en cada uno de los momentos en que desea habitar, con decisión y dignidad, el acto interpretativo.

La ilusión de la primera vez

> Comunicar es comunicarse, y comunicarse no es transmitir un saber a otro, o esperar la entrega de un saber que otro te da, sino interrogar a otro e interrogarse al mismo tiempo a sí mismo sobre aquello que no sabemos. Se construye una relación a partir de algo que no se sabe y que se quiere descubrir. En este sentido, hablar de comunicación es hablar de relación humana, de compartir la aventura de la búsqueda porque hay una inquietud común que nos une más allá de toda certidumbre.

Un actor que trabaja desde la pregunta puede incorporar a otro en la misma pregunta. Los dos acaban estableciendo una complicidad comunicativa. Un lugar de repeticiones en donde los dos saben que están repitiendo precisamente para no repetir.

Alrededor del problema técnico central respecto a los errores vinculados con la acción, todo debería resolverse si se instala la pregunta como un referente práctico. Cuando este procedimiento está interiorizado, la elección es mecánica. Se trabaja para estar presente a través de las preguntas. La emisión de respuestas que acaban siendo signos escénicos recibidos por un espectador es la consecuencia inevitable y necesaria.

Concebir el hacer actuar como un lugar de preguntas y no de respuestas, nos ayuda a comprender la dimensión de uno de los problemas esenciales de cualquier pedagogía teatral.

Que un actor comprenda que, cuando se le hace una pregunta, no se está pidiendo una respuesta, sino que pueda sostener la pregunta, ésta es la opción que establece la diferencia entre un individuo preparado para actuar con la ilusión de la primera vez y otro individuo preparado para repetir con el riesgo técnico de una implicación deficiente.

La patria del actor

> **Podemos ahora retomar el problema de la palabra en el teatro y ver que, integrado en la acción, asumido por la acción, se somete también a un control técnico que va más allá del énfasis puesto en su dimensión lingüística y semántica.**

«Mi patria es el lenguaje porque sólo de él no puedo ser expulsado», dijo Theodore Adorno. Uno no puede ser echado de ese lugar sin fronteras que es la palabra. Parafraseando a Adorno, podemos afirmar que la patria del actor es la acción, porque sobre ella puede construir cualquier palabra, y no a la inversa. Si descubre el valor de la acción, será capaz de sostener palabras; de lo contrario, sólo será capaz de memorizar palabras y tratar de hacer algo con su cuerpo para vencer la dificultad de tener que decirlas.

Si adopta la acción como el lugar en el cual vive el personaje, a la larga terminará comprendiendo que ese sitio podrá ser ornamentado, adornado, explicado, amplificado o reducido a todo lo que en definitiva quiera. Cuando entiende aquello que tiene que hacer para poder sostener la pregunta, descubre cómo sostener la presencia de un personaje. Ahí pueden caber todas las palabras emanadas del texto sin que las mismas hipotequen el proceso creador de una conducta.

Desde la teta hacia la mano

> Es importante no confundir la acción con algo puramente exterior, con formas corporales, gestuales, sígnicas o conductuales. La acción tiene tanto componentes expresivos como motivacionales, externos como internos, que se corresponden con el porqué y el para qué de todo lo que hace el actor en cada momento.

La acción es potente en lo expresivo y en lo vital. Los contenidos no deben ser reemplazados por formas vacías, sino por vivencias, lugares de encuentro con uno mismo.

Cuando el actor recurre a la acción se nutre de sus experiencias vitales. Esto debe ayudarle a no confundir la enunciación de una acción con su realización. Ese reconocimiento de algo que ha existido debe renovarlo y ponerlo al servicio de lo que será la técnica interpretativa.

Imaginemos a un bebé que, durante meses, ha logrado succionar del pecho materno la leche necesaria para sobrevivir. En el momento en que esto se produce no hay poder de discernimiento. No hay una decisión voluntaria puesta a disposición de un acto racional por el cual un bebé se plantee chupar una teta como opción nutritiva. Sin haber pensado ni elegido, sin racionalizar y de forma instintiva, llega a la necesidad de la teta como forma de supervivencia.

Paralelamente, nos planteamos que, a los cinco meses, una elección coyuntural (porque la madre, por ejemplo, agotada por la dependencia de tener que darle a determinadas horas el pecho y no poder hacer otra cosa así lo decide) hace renunciar a la madre a la leche materna y la reemplaza por otra leche, necesitando entonces utilizar un biberón. Cuando toma esa decisión, no sólo podemos imaginar que va a sustituir su leche por otra leche, sino que además puede dejar al padre la preparación de la primera ingesta del biberón. Ese hombre lo prepara teniendo en cuenta la temperatura de la leche, que debe ser similar a la temperatura de la leche de la madre, y sabiendo de antemano que el biberón y la tetina se parecen a la teta y al pezón de la madre.

Observamos luego que el padre, por muy poca experiencia que tenga al respecto, no toma al niño de cualquier manera, sino que hace algo parecido a lo que hasta el día anterior hacía su mujer. Lo pone muy cerca de su pecho, lo protege y lo sostiene como lo hacía ella, con lo cual le acerca a los latidos de su corazón.

De cien niños, noventa y nueve tomarán el biberón como lo hacían de la teta de la madre el día anterior. Las condiciones de sustitución —temperatura, forma, textura, cuerpo cercano— son homólogas para que sea posible que el bebé, que no piensa ni decide, lo acepte y siga chupando. Es imprescindible que aquello que reemplaza a la teta sea de características semejantes a la teta de la madre.

Trasladernos esto a la mano de Julieta. El actor tiene que enamorarse de la bella damisela. ¿Qué opciones tiene? Una: enamorarse realmente; pero resulta que la actriz que le ha tocado tiene un cuerpo que no le gusta, que no huele bien. Le desagrada. Él podría asegurar que Romeo jamás se enamoraría de una mujer así.

Segunda opción: imaginar que es otra mujer la que tiene delante. Tiene que reemplazar a esa mujer por la imagen de alguna otra mujer alguna vez amada. Interpone entre su sensibilidad y la presencia de la actriz otra mujer constituida en la vida como alguien a la cual amó y deseó. Pocas veces lo consigue y cuando lo logra descubre que tiene poco que ver con la voluntad y mucho con opciones donde la técnica acaba siendo desplazada por la inspiración o cierta espiritualidad de un día determinado en que se siente más inspirado para poder recuperar esa imagen alguna vez vivida.

Tercera opción: la mano de Julieta y la mano de la actriz, las cuales trataremos de homologar con el ejemplo del bebé y su teta. Nos queda la mano. La mano de una mujer, eso es todo; tiene piel, temperatura, cinco dedos. Cuando el actor empieza a trabajar con la mano, sondea algo de la mano amada que tiene dentro. Eso no quiere decir que esa mano tenga nombre y apellido; quiere decir que, en algún lado, la experiencia de una mano amada, integrada en su existencia, empieza a ser sondeada por el desarrollo de la acción. Al trabajar con esa mano, el actor podrá encontrar aquello que ama, no en la totalidad, sino en la particularidad de la acción elegida. Desde lo singular de la mano a lo general del personaje.

No copiar la realidad: construirla

Para que la acción incorpore el componente motivacional, vivencial, y no sea pura exterioridad, no es necesario, por tanto, que el actor recurra a la memoria de una experiencia anterior. Debe establecer un puente entre eso que tiene delante –y con lo que actúa o interactúa– y algo que tiene interiorizado. Para que esto se produzca, lo único necesario es que se den los elementos de sustitución mínimos como para que el actor pueda hacer algo que le permita creer en lo que está haciendo. Pero no intervienen en el proceso elementos conscientes, voluntarios, ni pensamien-

> tos abstractos o predeterminados. Todo se resuelve en el proceso de búsqueda de acciones concretas en el marco de los ensayos.

Se empieza a trabajar con ese objeto propicio al amor. Una mano nos permite concentrarnos sin consideraciones heroicas o trágicas, y por ende generales, respecto a qué es el amor. No se trata tampoco de un deseo real por una mujer real que nos expulsa de la escena y nos instala en la vida.

Intentamos reducir al máximo el desarrollo de la acción con el objetivo de encontrar un sitio adecuado en donde poner la concentración, donde no quepan consideraciones generales ni consideraciones sígnicas, ni planificaciones de cosas ya hechas y que habría que hacer, ni aquello que tenga que ver con los resultados predeterminados para expresar algo que aún no conocemos.

Un desarrollo minucioso de acciones nos va dando la posibilidad de saber qué tenemos que trabajar para «estar enamorados de Julieta».

Negamos una opción para poder integrar todas las demás. No es posible enamorarnos como si de la realidad se tratara de una Julieta encarnada en una actriz ni tampoco sustituir a esa actriz por la imagen de una mujer que extraemos de nuestra vida privada. Negada esa opción que denominaríamos «copia de la vida» o «sustitución de la realidad de la escena», todo lo que hagamos se inscribe en un orden de factibilidad directamente proporcional a la técnica y la imaginación creadora puesta en la acción generada.

El actor que encarna a Romeo descubre que está enamorado de Julieta por gestos mínimos en el lugar reducido de cada acción. En el desarrollo de los ensayos se va dando progresivamente la búsqueda y captación de esas acciones, lo cual permite orientarlos hacia algo general: una conducta, un personaje.

Si en el inicio de los ensayos se resuelve que ése es el sitio para descubrir cuáles son aquellas acciones que nos van a permitir amar a Julieta, subrayamos la función instrumental de la acción, lo cual acaba produciendo un nexo factible de ser expresado entre Romeo y Julieta.

Damos prioridad a la pregunta en detrimento de la respuesta y logramos que ese componente sígnico, que a la larga se visualiza en el vínculo que vamos creando con Julieta, aparezca no por decisiones de carácter racional, predeterminadas y previas al ensayo, sino por el aquí y ahora de cada uno de esos espacios de trabajo en donde nos implicamos para implicar y nos descubrimos para descubrir.

Sin duda que el proceso es desde el actor al personaje y no al revés. Se trata de una progresión donde el protagonismo técnico, desde el primer día, lo tiene el actor. Él tiene que descubrir qué es lo que tiene que hacer para convertirse en Romeo. Cuando llegamos a ese momento, el protagonismo ya lo tiene el personaje. ¿Cuántos ensayos utilizamos para llegar a ese punto? No es factible predeterminarlo porque la resolución del binomio conocimiento-expresión se manifiesta tanto más tardíamente cuanto menor es el relieve técnico del que trabaja. Un sentido de la verdad muy consolidado dará un personaje en menos tiempo de ensayos.

La química del trabajo

> **Retomemos para clarificarlo el ejemplo de Julieta. El actor se enfrenta a Julieta, un personaje de ficción, con quien tiene que establecer una relación que el espectador reconozca como verdadera, viva. Pero no debe volcarse sobre la actriz real porque eso vacía el sentido técnico de la representación.**

No se trata de amar lo que tiene delante; en ese caso, las causas serían reales y eso ocurre en la vida. En la escena, las causas son imaginarias.

Es tan equivocado que el actor no pueda enamorarse de la actriz con la que trabaja como que sí pueda enamorarse. Desde el punto de vista técnico, tan negativa es una cosa como la otra. No es sobre la actriz real, como objeto, sobre la que tiene que sostener su enamoramiento.

Otra cosa es la predisposición que se tenga para establecer un vínculo más cercano con unas personas que con otras. La afinidad, popularmente entendida como una cuestión de piel, hace más propicia la comunicación con ocasionales compañeros de trabajo. Pero esto no es lo que define ni debería caracterizar el perfil más creador del actor. En todo caso, se trata tan sólo de un plus coyuntural, una opción potencial presente en cualquier actividad profesional que aglutine personas alrededor de un proyecto. Creo que actuar es estar preparado para saber lo que se tiene que hacer, con independencia de mejores o peores afinidades.

Sin cantidad ni calidad

> Tampoco podemos sostener esa relación creando un sustituto imaginario, esto es, una mujer de la que en algún momento de nuestra vida hemos estado muy enamorados. Lo vivido, trasladado a la escena, no sería una experiencia repetible a voluntad, sino un sustituto imaginario que, basado en una experiencia real, acabará perdiendo su capacidad motivacional en la medida en que se repita.

Frente a la imposibilidad de amar a la actriz real o, lo que es lo mismo, al no poder tener con la actriz un vínculo homólogo al que desearía tener en la vida, el actor intenta traer a la realidad de la escena la imagen de alguna mujer a la cual amó alguna vez. Es decir, un huella extraída de una experiencia afectiva real que palie lo que no encuentra en la escena. Supone erróneamente que eso le permitirá trabajar con la cantidad y calidad de amor que Julieta merece de Romeo.

El pasado es imprevisible

> Eso sería también permanecer dentro de la vida real. Buscar un sentimiento surgido de la realidad. Sería la teta real de la madre, el intento de recuperarla. Para buscar otra cosa, primero habrá que asegurarse de que no está definida.

Si algo está predefinido se niega lo que está ocurriendo. Si se establece una planificación alrededor de un proceder, hay que hacer aquello que se tiene planificado.

Cualquier sustitución planificada *a priori* no sustituye un posible afecto imaginario por otro real extraído de la vida. Lo que promueve es sustituir la opción de que algo ocurra mientras se está trabajando por aquello que ocurrió alguna vez y de lo que no se tiene casi ninguna certeza de que vuelva a ocurrir.

El pasado es completa y radicalmente imprevisible desde el punto de vista técnico, más allá de que ocasionalmente un relámpago de certezas que proceda del pasado nos pueda hacer creer en la recuperación de una vivencia.

Buscando petróleo

> **Debemos buscar y definir una acción. ¿Qué se debe hacer? Ésa es la pregunta que nos llevará a una acción concreta.**

Recordábamos en otro lugar de este libro algunas cosas con respecto a las relaciones que existen en el proceder dinámico entre la motilidad, entre lo que hago en la realidad, y el acceso desde ahí a lo que está almacenado en la experiencia vital. Consideraciones de tipo biológico que son posibles por la permeabilidad de las neuronas. Intentábamos comprender cómo el proceder de la acción intenta establecer vías de acceso a lugares que en algún lugar de la experiencia vital existen, pero que no sabemos muy bien dónde están. El sondeo desde la acción no garantiza la aparición del petróleo existencial, pero es la única vía para poder descubrirlo.

Cuando decimos que la acción sondea, dejamos establecida la disposición a trabajar para lograr a través de ese sondeo una resonancia convocada por la presencia de una mano, un cabello o un hombro sobre los cuales se está generando una acción. Lo importante es la relación que se establece con esa mano, ese cabello y ese hombro y la búsqueda que a través de esa acción se va produciendo con los referentes vitales que en algún lugar de los datos inscritos en la memoria (huellas mnémicas) son llamados en función de la utilización de las acciones.

El cuerpo de Cristo

> **La actriz real no es un sustituto imaginario, sino la acción que desencadenará la emoción y la vivencia necesarias para otorgar un estatuto de verosimilitud. La acción es el estímulo real, la relación que establecemos con aquello con lo que podremos asociar experiencias motivacionales reales, aunque no sepamos cuáles serán.**

El estímulo es la mano, un objeto transicional sobre el cual se explaya Winnicott y que da cuenta del vínculo indisoluble entre el niño y el actor. Es ese objeto, esa almohada, ese conejo, que todas las noches proporciona la seguridad necesaria para poder dormir. El objeto transicional calma los temores, tranquiliza. Gracias a la intermediación de ese objeto se puede pensar que algunas cosas que podrían ocurrir no ocurrirán. Protege de algo amenazante que proviene del exterior.

El bebé pasa del dominio omnipotente, un dominio mágico,

al dominio por manipulación; esto implica el erotismo muscular y el placer de la coordinación. Primero es completamente mágico y gradualmente va pasando a una relación con ese objeto cada vez más trabajada, más física, más de piel en contacto con esa otra superficie protectora. No es muy diferente el tema de la hostia en el adulto. Ese trozo de pan ácimo que el sacerdote pone en la boca del creyente. Desde el punto de vista de la lógica cotidiana, no parece fácil creerse que una oblea introducida en la boca permita integrar el cuerpo de Cristo en la boca de quien la recibe. Es tan difícil como que un actor se crea que la mano de esa mujer, tan diferente, tan alejada o distinta de lo que podemos imaginar, sea la mano de Julieta. La mano de una mujer amada.

En ese lugar de utilización mágica, de relación con lo que está afuera, se juega buena parte de la madurez de cada individuo. Se trata de bastones psicofísicos que van garantizando la tranquilidad suficiente como para poder crear alrededor de esa credibilidad un intercambio fértil. La experiencia vital de todo individuo es una fuente en la cual debería abrevar cualquier actor, porque ya está aprendido, porque le pertenece, porque lo conoce por haberlo experimentado y porque siendo el actor un ser humano parece adecuado profundizar en todas aquellas cosas de la condición humana que lo hagan más humano.

Dar las condiciones que favorezcan la restauración de lo más humano en el acto creador de un personaje. Ello tiene que ver con crear de forma procesal y evolutiva algunas condiciones que le permitan utilizarse a sí mismo en esa condición de lo humano.

En esa vía de circulación actor-ser humano, bilateral e inevitablemente dinámica, se explica la mayor parte de los conceptos que estamos tratando de entender.

Entender la música para asumir la letra

> De todo lo que hemos planteado a lo largo del libro se deduce que el actor llega al personaje desde sí mismo, y que todo esto tiene que ver con la racionalidad, una racionalidad que busca objetivar los problemas del actor para sacarlo del callejón sin salida del espiritualismo, la subjetividad, el relativismo y la ambigüedad, condiciones que, ya de por sí, son inherentes al arte pero que, en el proceso del pensamiento, deben ser sustituidas por procesos racionales para minimizar su predeterminación.

En este terreno, cuando decimos racionalidad, decimos entendimiento. El entendimiento nos tiene que hacer pensar que posible y verdadero coinciden: posible quiere decir que puede construirse en el proceder puro de la mente, esto es, que tiene una esencia con relación a ella y, por lo tanto, con relación a la condición humana.

Nada más alejado de mi postura teórico-técnica que incentivar conceptos fundamentales en detrimento de realidades de trabajo. Pero precisamente porque apuntamos a la organicidad de la conducta debemos asumir la esencia racional del proceder humano.

Cualquier pretensión de reemplazar lo racional desde lo más sensorial o más animal, se enfrentará con las resistencias inconscientes organizadas desde el predicamento que tiene lo intelectual sobre los impulsos.

La técnica tiene que ver con la conciencia. A lo largo de todo este libro, hemos intentado hablar de la técnica, porque alrededor de la espiritualidad y su relación con el arte del actor se han agotado los conceptos. Entiendo que vale la pena el esfuerzo sintetizador que nos lleva a hablar de aspectos técnicos, aunque muchos de esos aspectos son adquiridos sólo en el momento de la realidad del trabajo. Trabajo que permite que un individuo tome conciencia de aquellas cosas que sólo le empiezan a pertenecer en el momento en el cual las justifica y entiende. Semejante a la actitud de un músico que, una y otra vez, repite una melodía y unas palabras de una canción hasta que, en un determinado momento, tras recorrer el pentagrama, la partitura, adquiere la certeza de comprender lo que está diciendo. Ese lugar del encuentro con su propia verdad tiene un constituyente esencial en la mente.

El sentido de la verdad

> A la hora de enfrentarse al trabajo interpretativo, hay actores que pueden enredarse con el prestar atención a las acciones internas o las externas. ¿Es válida la distinción entre acción interna y acción externa?

No hay jerarquías en cuanto a si lo externo es mejor que lo interno. No se puede caer en ese error que supuestamente se desprende de la división entre acciones psíquicas y acciones físicas planteada por Stanislavski, pues lo pedagógico acabará confundiéndose con lo práctico. La diferencia entre lo externo y lo interno se clausura cuando surge el sentido de la verdad.

Un actor con un sentido de la verdad consolidado –porque desde el punto de vista formativo ha adquirido una conciencia de lo que es el equilibrio entre la expresión interior y lo que es la expresión exterior– está en condiciones de desarrollar una investigación sobre la base de ponerse a trabajar con una actriz para descubrir las acciones necesarias para construir un personaje.

Llegados a este punto debemos preguntarnos con qué clase de actor se trabajará. Si estará implicado en lo que tenemos que descubrir o habrá que dedicarse a que se interese por el sentido de la implicación a la hora de ensayar.

Para que una investigación tenga cierto valor no sólo es necesario saber qué es aquello que estamos buscando, sino saber cuál es el equipaje que poseemos a la hora de empezar la búsqueda. Tendremos que distinguir entre un tipo de actor que viene desde un lugar formativo razonablemente organizado sobre la búsqueda de un sentido equilibrado de la verdad y aquel otro que privilegia la expresión sobre el conocimiento. Si la preocupación única es que lo que haga se entienda, jamás llegará a hacer un recorrido propicio que le permita descubrir una conducta que le convierta en personaje; a lo sumo, se acercará a conductas externas que le resulten adecuadas para expresarse con claridad.

Cosechar lo que se ha sembrado

> **Acabamos el recorrido acerca de los problemas técnicos de la acción volviendo sobre las preocupaciones recurrentes de Stanislavski, sobre la verdad de la interpretación, el no dar prioridad a la expresión, a lo exterior, porque entonces olvidamos no sólo la vinculación técnica del trabajo del actor consigo mismo, sino el carácter artístico del teatro mismo.**

Si se da prioridad a la expresión, se niega el procedimiento; si la prioridad la tiene aquello que pretendo contar, de antemano ya está todo colocado en su sitio. El conocimiento no conduce inmediatamente a la expresión, no necesariamente se produce una relación directa entre lo que estoy conociendo y aquello que expreso; la mayor parte de las veces las apariencias del fenómeno no coinciden con su esencia. En el límite de esta dificultad se ubicaría la Comedia del Arte porque hay un saber *a priori* muy relevante de sus formas. Si la investigación solamente es formal, no será fácil equilibrar las formas con los contenidos.

Volvemos a insistir en la premisa que da luz a todo lo que hemos planteado. Hacer para creer y no creer para hacer. Desde aquí deberíamos comprender cómo se convalida un paradigma teórico en el territorio de la práctica. Desde una clase a un ensayo y desde éste a una representación, es factible hacer el seguimiento de un largo y complejo proceso.

Es posible hacer consciente al actor de que cuando se arroja de manera unilateral sobre el público con la pretensión de ser entendido y ser visto, hipoteca buena parte de su implicación con lo que está haciendo. Hacerle ver que el equilibrio viene desde la acción y no desde la inacción. Desde lo que va haciendo y no desde lo que va pensando. Tratar de sembrar en la escena para recoger en la escena.

Algunas realidades sólo son asegurables mientras no haya garantías. En el momento en que el actor está poniendo una conclusión allí donde debería sostener un interrogante, está cerrando un proceso de forma prematura. En muchos casos, a favor de la tranquilidad de un director que no es capaz de visualizar en cada uno de los momentos del proceso las necesidades inherentes al mismo. Una tendencia muy habitual en los que dirigimos: mirar en el ensayo número veinte el momento del estreno.

Lo único importante acaba siendo el día del estreno y esto hace que lo verdaderamente artístico se juegue entonces en la opinión de los demás, en lo que diga la crítica, en el número de espectadores. Tampoco parece ser que una resonancia enorme de público garantice la calidad de lo que se esté haciendo. Pero seguimos atrapados en esa contradicción muchas veces paralizante.

La historia del actor

> **Es muy tentador para los profesionales del teatro pensar en el éxito. Como en todo lo que tiene que ver con el arte, la cantidad no es más que un dato externo, no dice nada directamente sobre la calidad ni la cualidad artística de una obra, una interpretación, una puesta en escena. Cuando el número de espectadores se convierte en el único criterio artístico, algo se pervierte en la raíz misma del teatro, pues tan válida es una obra para un pequeño grupo como para una multitud: todo depende de lo que esos espectadores vivan y reciban. Esto no supone, por supuesto, no tratar de llegar al mayor número de espectadores. Pero es muy distinto el que un actor se forme pensando sólo en esa forma de éxito o, por el contrario, que trabaje en función de los componentes artísticos y humanos de su oficio.**

Hay una confrontación permanente entre el comercio y la cultura, entre el teatro de aficionado y el teatro profesional. La disyuntiva, aunque no es nueva, no ha dejado de alimentar las decisiones de más de una generación de actores. Sería más fértil diferenciar mejor las alternativas y reconocer que siempre se tiene la posibilidad de privilegiar la subsistencia sobre la exigencia. Al mismo tiempo, la gente de teatro nunca dejará de preguntarse «¿cuánta gente vendrá?». Si viene gente, lo que hacemos es bueno y si no viene, lo que hacemos es malo.

Un supuesto que parece aceptar todo el mundo, tanto en el teatro comercial como en el institucional, es que se mida la relación entre lo que se hace y la presencia de espectadores como aquello que define el valor de un espectáculo.

Nos no quedan más opciones que asumir el «vamos a prepararnos». ¿Para qué? Para encontrarnos con el espectador: si son quince, bien; si son mil, mucho mejor. Pero se trata de que nos preparemos para el viaje, para ir al encuentro. En todos los casos, las elecciones primero vienen determinadas por calidades humanas que hacen que la gente elija ciertas cosas en detrimento de otras. En todas las profesiones ocurre lo mismo, y la nuestra no es una excepción.

Concluimos con la acción y probablemente por eso mismo aquí concluye este libro. Una certeza imposible de ser abarcada desde las palabras, imposible de atrapar en las páginas de ningún texto. Quizás pueda llegar en la medida en que haya una disposición activa y técnicamente crucial para descubrir en el aquí y ahora del trabajo lo que no está descubierto pero sí intuido durante los ensayos.

Hablo de la reproducción, en el aquí y ahora de la representación, de aquello que es legítimo siempre y cuando se renueve en sí mismo en el momento de su existencia. Siempre y cuando trasmita que aquello que se actúa sólo se puede volver a actuar si no es lo mismo. Sólo regresa realmente en la medida en que sea nuevo; si no lo es, estará muerto, será recurrente, mal repetido y por lo tanto vacío. Ese vacío es un espacio de libertad que hay que llenar. Primero con la técnica y luego con el talento que ella libera. Promover ambas cosas, un actor más técnico y por eso mismo más libre, ha sido en definitiva, la única finalidad de este libro.

BIBLIOGRAFÍA

Adler, S. *The technique of acting*, Nueva York, Bantam Books, 1988.

Adorno, Theodor W. *Teoría estética*, Barcelona, Orbis, 1983.

Chéjov, Michael. *Sobre la técnica de la actuación*, Madrid, Alba Editorial, 1999.

Ferrater Mora, José. *Diccionario de Filosofía*, Madrid, Alianza Editorial, 1979.

Gené, Juan Carlos. *Escrito en el escenario*, Argentina, CELCIT, 1996.

Osipovna Knébel, María. *El último Stanislavski*, Madrid, Fundamentos, 1996.

Russell, Bertrand. *Exposición crítica de la filosofía de Leibniz*, Buenos Aires, Siglo XXI, 1977.

Saura, J. y Vajtangov, E. *Teoría y práctica teatral*, Asociación de Directores de Escena de España, Madrid, 1997.

Serrano, Raúl. Tesis sobre Stanislavski, México. Col. Escenología, 1996.

Stanislavski, Konstantín S. *El trabajo del actor sobre sí mismo en el proceso creador de la encarnación*, Buenos Aires, Quetzal, 1977.

— *El trabajo del actor sobre su papel*, Buenos Aires, Quetzal, 1977.

— *Mi vida en el arte*, Buenos Aires, Quetzal, 1981.

— *Trabajos teatrales*, Buenos Aires, Quetzal, 1986.

**EL TRABAJO DEL ACTOR
Y EL ARTE DE LA INTERPRETACIÓN**

Entrevistas publicadas en *Primer Acto* (número 272) y en *Cuadernos Hispanoamericanos* (número 576), corregidas y ampliadas para este libro.

SANTIAGO TRANCÓN. *En nuestro país, y en general en los países de cultura hispana, es llamativo el vacío de reflexión teórica en torno al teatro. Sólo existe cierta tradición referente al análisis literario de los textos teatrales, pero muy poco sobre la práctica escénica, el arte de la interpretación, el trabajo del actor. Tu caso es, en este sentido, bastante excepcional. ¿A qué crees que se debe esta ausencia, no ya sólo de una teoría elaborada, sino de un discurso específicamente teatral?*

JORGE EINES. Sí, es un hecho llamativo, y yo soy el primero en sorprenderme. Parece ser que un exceso de pragmatismo sujeta la práctica escénica, como si, incluso atreverse a poner una palabra reflexiva o teórica en el territorio de la práctica, fuera una actitud reñida con el arte del actor.

S.T. *¿De dónde nace esa actitud inmediatista que rechaza cualquier reflexión o discusión teórica?*

J. E. Yo creo que el problema tiene una larga historia relacionada con la forma de vida del actor y la concepción que él tiene de su arte como algo que no necesita del trabajo reflexivo y ordenado, con cierta idea de que el actor nace, se hace en el escenario y no tiene que aprender nada porque todo le viene de sus cualidades innatas y de su inspiración. Por otra parte, el teatro español tiene una larga tradición en la que la palabra ocupa el lugar central del teatro. Es una herencia, que nos viene del Siglo de Oro, en la que la palabra se ha entendido muchas veces como palabra-ley o palabra-biblia, ocupando un lugar de cierre, más que de apertura. El trabajo del actor estaba muy limitado por esa concepción del teatro. Yo creo que la palabra hay que movilizarla, no sólo enunciarla y que se entienda. Muchas veces la palabra ha sido cárcel para el actor, incluso cárcel para el autor, porque no ha tenido que ver con una palabra que inquieta —esto es, una palabra que no se enuncia una sola vez en un escritorio para que sea pronunciada exactamente igual en la escena—, sino con una palabra que empieza a tener sentido en la medida en que su significado puede ser siempre el mismo, pero su significante lo pone el actor. Ese significante es un significante técnico, elaborado desde la práctica y atornillado a la experiencia escénica. Hay ciertas ataduras que sólo el actor, en la medida en que trabaja con recursos técnicos, es capaz de liberar.

S.T. *Este vacío teórico del que hablamos habría que relacionarlo también con las dificultades que el teatro en sí mismo presenta como objeto teórico. El teatro es una práctica artística muy compleja que se resiste al análisis y la objetivación.*

J. E. El primer problema es que no se sabe cómo proceder a ese análisis y reflexión. Si se enfatiza la práctica, de lo que se trata es de describir ejercicios y puestas en escena. Si se remarca el texto, acabamos enunciando poéticas o haciendo análisis literario. La dificultad más grande es pensar el teatro como un hecho *procesal*, es decir, como un hecho que ocurre en la medida en que existe un proceso en el que se implican texto y representación: es obvio que un proceso no lo puedes detener para analizarlo. A esto hemos de añadir el carácter subjetivo que es inherente al arte. No es extraño que, partiendo de estas dificultades, se suela negar cualquier posibilidad de objetivar la práctica escénica y, en concreto, el trabajo del actor.

S. T. *Me parece muy apropiada esta reflexión porque ayuda a establecer una distinción entre los dos procesos, el del análisis, que adopta la forma de libro o de discurso, y el de la práctica escénica con sus ensayos. Aunque deben interactuar, son dos procesos distintos y mantienen su propio desarrollo.*

J. E. Digamos que el teatro se nutre de la vida y los libros también; pero los libros se nutren de otro tipo de vida que no es la de la escena. El libro es un discurso que atrapa algo de una nueva vida, la del escritor y la del lector. Como dice Gilles Deleuze, «el libro es lo uno que deviene en dos». La vida que genera un libro nace de la relación entre el autor y el lector. Se trata de encontrar un territorio de lo que ocurre en la escena y obtener un lugar de encuentro. Si un director o un actor, leyendo un libro, se sienten estimulados en el territorio de la subjetividad y encuentran en el libro un trozo de objetividad para pasar a la práctica, ya sería suficiente. Pero esto es como hablarle a Noé de humedades... ¡parece ser tan reducido el terreno de la objetividad y yo empeñado en agrandarlo! Creo que es la única manera de atrapar algo y que ese algo no se juegue sólo en la repetición, por muy exigente y obsesiva que ésta sea.

S.T. *O sea, que no se trata de negar el carácter de subjetividad, que es esencial al arte, sino de definir un territorio de cierta objetividad en el que se pueda vincular la teoría con la práctica. Partimos del hecho de que no se puede actuar sin ideas, de que no hay práctica desprovista de pensamiento. Siempre será mejor conocer qué ideas o esquemas condicionan o influyen en nuestra práctica que abandonarnos al voluntarismo. En el polo opuesto, también sería equivocado creer que hay que tenerlo todo claro antes de enfrentarnos con la práctica.*

J. E. En el territorio del actor se suele negar cualquier posibilidad de objetivar el trabajo. Se habla de espiritualidad, de creación, de inspiración y dotes innatas... cosas sobre las que no podemos establecer ninguna objetividad. Sabemos que hay momentos donde los goles se meten con la inspiración, el talento... pero con eso solo no tenemos nada que hacer. Debemos intentar que la pelota quede botando para crear las mejores opciones de meter el gol. Tenemos que objetivar para hacer posible que el fenómeno pueda ser repetido, sin negar por ello su inmediatez y su fugacidad.

A la larga, esto contribuye a legalizar el error, no porque uno sea tan genial que hasta pueda equivocarse, sino porque la gran perversión de este arte no estriba en equivocarse, sino en recolectar lo que no ha sido plantado.

S.T. *Lo primero que debiéramos objetivar es el propio objeto de estudio del teatro, definirlo, sacarlo del terreno de lo puramente subjetivo o inefable.*

J. E. En efecto. Alguien nos puede decir que el objeto de estudio de la carrera de formación del actor es la cabeza o el cuerpo, el instrumento psicofísico del actor; pero ése es también el objeto de la psicología o la medicina. No es ése su objeto específico, y si fuera ése el objeto bastaría con reunir a médicos y psicólogos para estudiar la cabeza o el cuerpo del actor y ver cómo se genera una acción, un impulso, una emoción. Ahí comienzan a surgir las grandes contradicciones que la lectura americana de Stanislavski genera. Donde hace falta que alguien vaya al psicoanalista para poder profundizar en sus vivencias, el objeto de estudio es uno mismo. O bien el objeto de estudio lo ponemos fuera, o convertimos al individuo en centro de experimentación introspectiva y ahí cualquier instancia vale para trabajar: la imaginación, la relajación, el psicodrama... un poco de Pink Floyd sonando y es casi imposible que alguien no pueda viajar por su sensibilidad. El objeto de estudio debe centrarse en el personaje, y aquí sí encontramos una posibilidad de objetivación. Como decíamos antes, con la inspiración, el talento, la intuición; con eso no debemos trabajar. Si ponemos el énfasis en la espiritualidad o la creación espontánea, poco tenemos que enseñar o aprender. No podemos dejar que la subjetividad se apropie de todo. El objeto de estudio debe desplazarse hacia el personaje, y aquí sí encontramos niveles de objetivación posibles, aunque, claro está, para construir un personaje el individuo tenga que cuestionarse a sí mismo, en la medida en que si, por ejemplo, alguien es capaz de hacer de Desdémona, descubre aquellas cosas de sí misma por las cuales puede hacerlo, y si no es capaz, descubre aquellas cosas de sí misma por las cuales no lo puede hacer, y ahí empieza a estudiar y a formarse.

S.T. *Si desplazamos el objeto de estudio y la atención del trabajo del actor hacia el personaje, evitamos, entre otras cosas, convertir la formación del actor en una especie de psicoterapia.*

Esto me lleva a preguntarte por el famoso «Método» de Stanislavski.

J. E. Si cambiamos el objeto de estudio, cambia radicalmente la lectura errónea que se ha hecho de Stanislavski. El problema del método –palabra que remite a lo que Stanislavski no debería significar– es que se han hiperbolizado los primeros desarrollos teóricos de Stanislavski negando su progresión. El referente teórico stanislavskiano está clausurado en el lugar donde fue hiperbolizado por la línea americana, con Lee Strasberg a la cabeza. Stanislavski rectifica y plantea en los últimos años de su vida cosas opuestas a las que había planteado en sus primeros años, en los cuales sus reflexiones estaban muy condicionadas por la situación social y cultural que vivió. Ese primer esbozo teórico lo fue modificando a lo largo de su vida, sobre todo a partir de las críticas de Meyerhold y Vajtangov, las cuales le permitieron pensar acerca de las diferencias entre la verdad de la vida y la verdad de la escena. La verdad del actor es una verdad para ser representada, y es ahí donde desplaza la verdad de la vida por otra verdad que hay que elaborar.

S. T. *Uno de los problemas concretos que Stanislavski plantea es el de las relaciones entre acción y emoción, entre poner énfasis en las acciones físicas o en la construcción emotiva del personaje a partir de las experiencias vividas por el actor. ¿Cómo se resuelve el «conflicto» entre ambas instancias?*

J. E. Si tratamos de construir el personaje desde la identificación, desde sujeciones personales de regreso a lo vivido, la memoria emotiva y todo eso, pues lo más probable es que no podamos reemplazar con la voluntad lo que con la técnica no obtenemos. El actor que recurre a la memoria emocional en nombre de la verdad acaba siendo un gran mentiroso, porque la emoción no responde a un acto volitivo. Uno no se emociona porque quiera o no quiera. Todo lo que tenga que ver con la emoción o el creerse lo que está haciendo no debe plantearse desde la voluntad, sino desde la acción. La acción como un baluarte técnico, pero también honesto y coherente, para que si la emoción llega –y llega a través de la acción– bienvenida sea. Y si la emoción no llega, pues el actor se ajusta a la condición mínima de la acción con fe, con solidez, con seguridad, para generar una respuesta técnicamente correcta. Un intraconflicto, por ejemplo, no se trabaja poniéndose a pensar mucho sobre el personaje, a profundizar en los dilemas del personaje. Un intraconflicto se trabaja puesto en el cuerpo; el actor lo trabaja con relación a lo que le rodea, el compañero o el cenicero… tiene un espacio de sujeción técnico y de trabajo que hace posible que el actor no tenga que plantearse una identificación salvaje para encontrar un conflicto interno.

La palabra «identificación» no es adecuada porque parece subrayar lo emocional. Parecería que haya que aprender la técnica para saber emocionarse. Bueno, a mí también me gustaría que esto fuera posible, pero por ahora no cabe en la condición humana.

Si reemplazamos identificación por implicación nos desplazamos hacia la acción, ampliando con ello el ámbito de lo que puede ser trabajado desde la voluntad y la conciencia.

S. T. *En el trabajo de objetivación del personaje y la interpretación a través de la acción, ¿qué lugar ocupa la relación entre lo consciente y el inconsciente?*

J. E. La técnica se aprende desde lo consciente. El individuo se prepara para acceder al inconsciente desde lo consciente. En todos los referentes teóricos que yo he estudiado, desde Diderot a Juvet, Artaud a Grotowski, siempre he encontrado que lo que se pretende es partir de lo consciente para llegar al inconsciente. La diferencia en todo caso estriba en cuál es el proceder consciente para poder acceder a lo inconsciente. Se puede uno preguntar por qué hay que acceder al inconsciente. Creo que el inconsciente es el lugar en el que vive el talento. No es que esté seguro, pero cada vez estoy más convencido. ¿Por qué? Porque tengo indicios en la condición del juego. El juego es una vía de acceso al inconsciente creador. Es cierto que se tienen que dar las condiciones adecuadas. Entre dos niños, por ejemplo, una habitación, luz, juguetes... Hay unas condiciones para que el juego sea fecundo, pero luego es el juego mismo el que permite que se dé un vínculo entre ellos y que aparezcan cosas de dentro que se liberen y en las que ni podían haber pensado antes de ponerse a jugar. El actor, al recuperar la condición del juego, está en condiciones de volver a acceder al inconsciente en la medida en que se dispone a jugar. En esta situación, sí se puede dar cierta regresión a lo vivido, porque se dan asociaciones espontáneas por similitud o por contraste. Pero esto no es algo que el actor tenga que proponerse, como ocurre en el marco terapéutico Aquí está la diferencia. Como director, nunca le pregunto a un actor con qué recuerdo trabaja, con qué experiencia, de dónde parte... sino qué hace para poder trabajar.

S.T. *Yo creo que la trampa para el actor está en focalizar su atención en ese mundo interior e inaccesible donde todos tenemos problemas de experiencias negativas. Por muchos ejercicios de memoria emotiva que se hagan, el salto a la escena luego es abismal y una de dos, o el actor se queda ahí, atrapado y encerrado en sí mismo, o lo olvida todo y le sirve de muy poco.*

J. E. Por eso es tan importante una formación adecuada del actor, para evitar tanto el espontaneísmo como los excesos a los que ha llevado una lectura parcial de Stanislavski donde la sobrevalorización de lo vivido por el individuo se opone a la valorización de lo que hay que vivir en el trabajo para construir un personaje.

S.T. *Pasemos al tema de las relaciones entre el actor y el director. ¿Qué es lo que el actor pide al director, y qué es lo que el director pide al actor?*

J. E. Un vínculo. Vínculo no como atadura, sino como una relación dinámica y procesal y que, como tal, no puede predeterminarse de antemano. Un vínculo se construye en cada una de las situaciones en las que un actor y un director se ponen a trabajar juntos. No hay posibilidad de vínculo cuando un actor y un director se sujetan de antemano a un rol o a una estrategia. Ahí aparece el director autoritario, que trabaja todo él solo en casa y luego da órdenes o, por el contrario, el director blando, que no trabaja en ningún lado y luego viene a tomar cosas del actor de manera impune. En el caso del actor, a su vez, se dan todas las variables perversas que esos modelos generan. Por encima de eso, hay que construir un vínculo en cada uno de los ensayos. No hablo de amiguismo, sino de respeto y de estar abiertos y atentos a lo que ocurre, sobre todo al problema de cuándo tomar una decisión, cuándo generar un estímulo, una inducción, una palabra.. El problema casi siempre es *cuándo*, no *cómo*. El director debe saber tomar decisiones, pero lo más importante no es saber *qué*, sino *cuándo* tomar una decisión. Para eso hay que creer en el proceso y estar muy abiertos a todo lo que ocurre. Me parece que dirigir tiene que ver con dos cosas. Descubrir los cuándos y, por eso mismo, hablar lo menos posible.

S.T. *Esto supone concebir los ensayos como un proceso abierto y creativo, no como la aplicación o la reproducción de algo ya preparado y decidido de antemano.*

J. E. Sí, y tampoco como un trámite fastidioso porque lo único importante es el día del estreno. Porque imaginemos a un director que llega al ensayo y lo único que le interesa es que aquello que dibujó y pensó en su casa la noche anterior aparezca en escena, y que lo mismo le pasa al actor, que llega con un montón de ideas sobre lo que tiene que ser su personaje y lo que desea es probar en el escenario lo que se ha imaginado. No es difícil suponer que habrá una colisión. Entonces es como si tuviera que haber un ganador. Si el director es Bob Wilson, ganará él. Si el actor es Gérard Depardieu, ganará el actor. Las cosas se llevan al terreno del prestigio o la autoridad. Por el contrario, yo creo que en los ensayos se debe dar una permanente negociación. Si el director tiene un horizonte de puesta en escena, pero no una puesta en escena imaginada como definitiva, hay un lugar para la negociación. Yo creo que el director debe trabajar mucho antes de los ensayos; ahora bien, cuanto menos le sirve lo que ha trabajado antes de éstos, más interesante me parece ese director. No estoy diciendo que no trabaje, digo «cuanto menos le sirve lo que trabaja». La fecundidad de un ensayo es directamente proporcional a que se produzca en él aquello que ni el director ni el actor fueron capaces de imaginar antes de ponerse a trabajar. Vivir el ensayo obsesionados por la inmediatez de los resultados, es no entenderlo como proceso. El actor también debe entender que los ensayos son para equivocarse. Los dos deben creer en el proceso. Si el vínculo y la negociación funcionan, el proceso sigue adelante y los resultados llegarán en su momento. El arte se va produciendo en cada uno de los ensayos, no sólo el día del estreno. Tiene que haber una posición ideológica a favor del arte por encima de los resultados del día del estreno o la respuesta del público, porque ya sabemos que uno puede hacer un buen espectáculo y que no venga nadie a verlo, y hacer uno malo y que se llene la sala. Hay que trabajar para ir al encuentro del espectador como dice Peter Brook, pero nunca se sabe si no nos quedaremos con el ramo de flores aguardando en la esquina. Ése es el arte del actor.

S. T. *Volviendo al vínculo, digamos que hay que hacer un gran esfuerzo para objetivar la relación, porque de ella depende el proceso creativo. Huir de cualquier intento de convertir al actor en una marioneta en manos del director o, lo contrario, dejarlo todo en manos del actor.*

J. E. Hay que aprender a callar, a mirar y a escuchar para saber lo que ocurre y actuar en función de lo que está ocurriendo, y no a emitir verdades prematuras que obligan al actor a producir resultados que están por elaborarse.

S. T. *Para acabar quisiera plantearte un problema relacionado con la posición del actor en el escenario, su doble condición de actor y personaje a la vez. Hay actores exhibicionistas que centran todo su trabajo en sus cualidades y en su técnica. Otros, en cambio, tratan de construir ante todo un personaje que no tiene que confundirse con su persona. ¿Cómo se trabajan e integran estos dos niveles que remiten a la relación esencial entre realidad y ficción en el teatro?*

J. E. Hay que rechazar toda mitificación del actor como un ser excepcional, como un modelo de vida o de prestigio social, eso que lo mantiene sometido al narcisismo. En cuanto al trabajo interpretativo, el problema de las relaciones entre actor y personaje debe resolverse en la práctica. El paso del actor al personaje es un trayecto gradual en el que se ha de evitar tanto la hiperbolización de uno mismo como la del personaje. Lo importante es la forma de trabajar en los ensayos para alcanzar una equilibrada adquisición de la conducta del personaje sin postergarse a sí mismo. El proceso va del actor al personaje; otra cosa es plantearlo del personaje hacia el actor. Si el problema no es exhibir al actor, sino crear un personaje vivo y verosímil, lo importante es saber *cuándo* debemos desplazar cosas del actor a favor del personaje sin eliminar al actor, y sí metabolizándolo. El trabajo del actor es ir asimilando cada vez más cosas del personaje. Se trata de un proceso. Cuando empiezan los ensayos es todo actor, pero al décimo día es ya 80% actor y 20% personaje, porque hay microconductas que va interiorizando. El día treinta igual es ya 40% actor y 60% personaje... Lo que importa es el personaje; en el esfuerzo de conocerlo, me conozco y me aprovecho. Todo personaje es una metáfora de nosotros mismos, por eso siempre nos seguirá apasionando el teatro, una especie de acuerdo tan profundo como complejo de explicar entre el espíritu y el cuerpo.

POSTFACIO

POSTRACIO

Poco después de haber terminado *Hacer actuar*, envié una copia del manuscrito a algunas personas con quienes deseaba compartir el significado de mis estudios y la utilidad de la reflexión planteada. Por todos ellos siento un profundo respeto tanto por su trayectoria como por su reconocido talento. Por ese motivo, y porque han hecho una lectura atenta y precisa de *Hacer actuar*, he creído oportuno colocar, en el cuerpo del libro, y como broche a éste, sus opiniones en su totalidad.

Federico Luppi

Libro apasionante. Puede decirse que más allá de lo específicamente recomendable para los actores, su lectura entusiasmará a quien le apetezca acercarse a los laberintos de la creación artística. Eines divide su trabajo en cinco capítulos. Comienza con la *relajación*, luego con la *concentración*, sigue con la *emoción*, después se adentra en la dificultad de definir la *palabra* como componente de la acción, y termina con la *acción* propiamente dicha, entendiéndola como saber elegir una técnica que sustente al actor en la confrontación con el público. Propone, con coraje intelectual, revisar afirmaciones metodológicas de gurús como Strasberg, quien, con ojo clínico, primero define la tensión «como la enfermedad profesional del actor» para, después, realizar una práctica absoluta de un freudismo inflacionario que deriva, fatalmente, en una interioridad encapsulada, sin contacto real con el afuera, sin compañeros, sin escenario, sin carnadura socializante. Dice Eines, por el contrario, que una técnica de relajación se fundamenta y adquiere su sentido cuando la persona intenta un intercambio de datos vitales con el mundo circundante y se propone el logro de la distensión como vía de apertura y conocimiento. Así, con agudeza, establece un punto de partida novedoso para nosotros con respecto a la concentración. Y aunque su referencia es Stanislavsky, remarca enfáticamente, otra vez lejos de Strasberg, el «hacer para creer» y no el «creer para hacer» —como postulaba el americano—, intentando, con mucha lucidez, una búsqueda orientada a conseguir y ordenar los fundamentos que «permitan saber en qué tengo que creer», despojando así al sacrosanto «creer» de su halo fundamentalista.

Es clara su intención de no crear conceptualmente compartimentos estancos, y relaciona todos estos ítems en un conductor común y vigorosamente dinámico; esto es: que toda preparación y todo trabajo de ensayos debería nacer de la conciencia de lo teatral, de una profunda aceptación del juego como generosa energía para autentificar lo ficticio. Así, la emoción no debería ser una mera búsqueda de sensaciones, pues es probable que, de no aparecer, y bajo la presión del «resultadismo» tan en boga, finjamos su presencia. Como afirma Eines, ya sabemos que la vivencia y la expresión son orgánicas, pero la actuación exige algo más que un biologismo obvio; es decir, necesita del poderoso estímulo de una imaginación que nos proteja de un intelectualismo sin sustancia cuando las sensaciones se ligan a la acción y de ésta al conflicto, generando conductas que nos permitan definir el personaje.

POSTFACIO

Hay una conmovedora relación de fuentes, de nombres queridos, que Eines cita como origen de muchas de sus reflexiones, acercándonos a filósofos, lingüistas, sociólogos y teóricos que han enriquecido el azaroso terreno de la creación, desde Sartre, que afirma que «toda técnica es una metafísica», hasta el utópico lugar del *no saber*, donde «el saber que no sé me prepara para lo nuevo cotidiano, para repetir sin repetición». ¡Excelente! Insta, con insistencia de tábano, a entender que *comunicar* no significa intercambiar saberes mutuos, sino interrogar interrogándose, a la vez que ratifica el soporte intelectual de esta afirmación parodiando a Adorno, que decía «mi patria es la palabra». Eines, por el contrario, coloca el aforismo en el campo del actor, «cuya patria es la acción», y rescata el conflicto como llave maestra para abrir las puertas de la verdad, salvarnos de toda impostura y ponernos frente al proceso y no al resultado, a las preguntas que nos hace interrogarnos sobre el fenómeno del teatro y la actuación y no frente a la respuesta eficaz que es puramente oclusiva.

¡Cuánto para pensar! En el dificilísimo manejo de la palabra como virtud y como escollo, Eines plantea tres referencias conflictivas para su abordaje: el naturalismo engañoso de Chéjov, el supuesto absurdo de Beckett y la exhuberancia de Shakespeare, que nos plantea la dimensión más extrema de dificultad. Todo esto, en atenta lectura, es un acercamiento placentero a las inquietudes del mundo de la actuación, y nos confirma la paradoja de Diderot como un continuo cauce reflexivo sobre la emoción y la verdad: ¿qué emoción y qué verdad? Libro imprescindible, *Hacer actuar* es una guía de paseo por la alegría.

José Sacristán

Preciso, riguroso y sencillo a la vez, este libro no pontifica: sugiere, propone, informa, aconseja, ofrece vías de conocimiento para el ejercicio de una disciplina que, como es sabido, aprenderse se aprende, pero que nadie, sin más, es capaz de enseñar. Dicho esto considero a Jorge Eines en primera línea de los más capacitados y honestos «enseñadores».

Óscar Martínez

Es escasa la bibliografía sobre teoría de la técnica en el trabajo actoral. No lo es, en cambio, la experiencia acumulada por Jorge Eines tras décadas de investigación y docencia en el ejercicio de la práctica específica que sustenta esa teoría. Bienvenidas sean, entonces, algunas de sus conclusiones publicadas en este ensayo y su aptitud para hacerlo conceptualmente valioso. Sobre todo aquellas en las que difiere de las conclusiones strasbergianas, más aptas, en todo caso, para el acotado trabajo del actor cinematográfico que para la repetida experiencia que impone el fenómeno teatral.

Rita Terranova

Soledad. Eso es lo que sentimos, los actores, en todo el proceso creativo. Compañía. Eso es lo que sentimos al leer el nuevo libro de Jorge Eines. Con conocimiento profundo, ordenadamente, como quien toma la arcilla para realizar la escultura, Jorge nos conduce en el difícil camino para «ser otro». Celebro, pues, esta llegada de aire purificador para todos los que tenemos como destino el teatro. Celebro también que alguien, todavía, nos cuide, nos asesore y nos comprenda.

Blanca Portillo

Desde el análisis y un indudable conocimiento del medio, Jorge Eines se adentra con *Hacer actuar* en el complejo mundo de la interpretación. Alejado de peligrosos misticismos, disecciona la práctica actoral, ofreciendo en sus páginas no sólo un texto apasionante para cualquier lector, sino, sobre todo, una serie de herramientas útiles para el actor, algo de lo que adolecen casi siempre los libros de teoría. *Hacer actuar* es, por tanto, un excelente y práctico manual para todo aquel que desee investigar en el mundo de la actuación. Como actriz, no puedo por menos que agradecer a Jorge Eines la aparición de este libro, lleno de inteligencia, generosidad y pasión por el actor.

Jesús Noguero

Cuando conocí a Jorge Eines, yo era un actor desanimado. Desanimado por la continua exigencia de resultados inmediatos (o mediocres). Desanimado por la falaz creencia de que no tenía ese «no se qué» que había que tener para ser el actor famoso que quería ser. Desanimado por un entorno profesional donde el prestigio se conseguía más a través de las portadas de las revistas o en fiestas y pasillos, a los que tampoco tenía acceso, que sobre las tablas del escenario. Desanimado, en definitiva, por la incapacidad de poner en práctica lo que mi vocación y mi deseo anhelaban: ser un buen actor que disfrutara con su trabajo.

Con tal desánimo se avivó mi deseo de saber, y con ese deseo me encontré con Jorge Eines: decir que artísticamente me salvó la vida es un homenaje a la pura verdad.

Tengo la gran suerte de haber experimentado en la práctica lo que ahora se expresa en las páginas de este libro. Mi encuentro con Jorge y su metodología, primero como profesor y alumno y luego como director y actor, supuso el feliz descubrimiento y la grata constatación de que aquello que intuía mi vocación era posible ser realizado: el sueño de poder ser otro sin dejar de ser uno mismo.

También pude comprobar que existía una técnica que servía para liberar y desarrollar el propio talento sin volverse loco en el intento. Dicha técnica, que comportaba una actitud ética que velaba por mi salud psíquica, calmó muchos de mis miedos y angustias y me permitió jugar mejor y más profundo.

Asimismo, descubrí que sobre el escenario lo mejor de uno mismo son los compañeros. Que es el intento de transformar a esos compañeros lo que me transforma y completa y que ese mismo intento es el que revela al espectador la vida de mi personaje. Todo ello hizo que dejase de mirarme tanto el ombligo y que, en su lugar, fructificase una vanidad en complicidad compartida: ya no volvería a estar solo sobre un escenario.

Hacer actuar me ha vuelto a sorprender como sorprende una buena actuación, la cual, siendo lo mismo cada día, cada día vuelve a ser diferente: más completa, más afinada, con nuevos matices y perspectivas, con las preguntas abiertas. Yo diría que en *Hacer actuar* la «función» está más viva que nunca, lo cual me llena de orgullo y alegría. Y está más viva que nunca porque *Hacer actuar* es un auténtico legado de conocimientos, un modernísimo destilado de técnica interpretativa, superador del antagonismo maniqueo de las técnicas introspectivas y extrovertidas, que encuentra su síntesis en el uso de la acción como herramienta de conocimiento. Una forma nueva de entender y explicar el hecho escénico, una de esas ideas que sorprenden por lo novedoso de su punto de vista, a la vez que nos resultan perfectamente familiares y reconocibles como caminos por los que verdaderamente poder transitar. Los planteamientos de Jorge Eines rezuman esa sutileza del sentido común que hace que se constituyan en una eficaz guía práctica para actores, directores y profesores de interpretación, así como un delicioso y fecundo espacio de reflexión para todos aquellos que posean una pregunta sobre el complejo arte del actor. Algo tan necesario como la lluvia en tiempos de sequía. La «función» está viva. Gracias maestro, gracias amigo.

Juan Mayorga

No todo el mundo sabe que detrás de (o, mejor dicho, dentro de) algunos de los mejores actores de nuestro teatro está el magisterio de Jorge Eines. Éste, que tanto ha trabajado en la sombra, saca a la luz ahora un libro ejemplar. Ejemplar por la calidad de su escritura y por la sabiduría que lo atraviesa. Ejemplar también porque da que pensar, lo que resulta precioso en un teatro como el español, tan huérfano de teoría.

Voy a recomendar este libro, en primer lugar, a mis amigos directores de escena, porque, en cada una de sus líneas, *Hacer actuar* nos devuelve la conciencia de que el oficio del director ha de consistir, ante todo, en el humilde, generoso y dificilísimo arte de hacer actuar al actor. El director trabaja para el actor, y así trabaja para el espectador: para su inteligencia, su imaginación y su memoria.

Voy a recomendárselo también, desde luego, a mis amigos actores porque en pocos libros se sentirán tan respetados. Leyéndolo, uno siente hasta qué punto, en sus clases y en sus puestas en escena, Jorge Eines trata a sus actores como seres inteligentes en cuyos frágiles cuerpos reside la ocasión del milagro.

Y, con toda seguridad, voy a recomendárselo a mis amigos autores porque *Hacer actuar* nos recuerda una y otra vez que la literatura dramática sólo se hará teatro en el aquí y ahora de un actor ante un espectador. Y que es para el cuerpo del actor –para un cuerpo que se hace gesto y voz– para el que hay que escribir.

Hay, en efecto, muchos libros en este excelente *Hacer actuar*: un libro para directores, un libro para actores, un libro para autores. Y un libro para cada amante del teatro –profesional o no– que se anime a entrar en sus fascinantes páginas.

Miguel Ángel Solá

El hombre se desviste y observa en el espejo de su pequeño camerino a ese hombre que se desviste. Todo se encoge al tamaño del camerino. Todo se tiñe de otro sonido. Preguntas y respuestas triviales resuenan en sus vísceras como si le hablaran desde otra dimensión. El olor de su piel nunca es agridulce, salvo en el remoto recuerdo de aquella primera noche entre sábanas. Ahora lo es todo el tiempo. ¿También ayer se observaba en el espejo, como hoy, desvistiéndose? El hombre se viste. Le veo dedicado a ser otro. Esos seres entrañables –que conoce por gestos y abrazos, por miradas e historias transitadas– no son ellos mientras los invoca moviendo el aire. La hembra que ama noche y día es ajena a todo esto. El hombre se repite «Yo amo a esta mujer» para guardar una memoria única de la verdadera vida. Pero va a entrar en otra, que le aterra hasta el goce. La conciencia no es ya su conciencia cotidiana. Ese dolor —¿qué se ha hecho de él?, ¿dónde está escondido?– que lo arquea a veces, ese dolor que hastía y que no se deja ignorar las veintitantas horas del día, lo yergue. «Soy yo» –se dice-, pero su oído derecho escucha «Yo soy». Es casi lo que él ha dicho..., pero no, es otro el orden, y lo nota. El hombre se calla. Simula, mientras se viste, no haber oído. Se encomienda a la buena fe; a la piedad humana; a su madre que, desde algún lugar, le estará mirando; a esos santos en los que sólo cree cuando se halla ante el peligro; al Dios cuya existencia jamás podrá demostrar, a la sinrazón y, por último, al miedo, que debe dejarlo en paz antes del fatídico «¡Cinco minutos!» que esa voz conocida, y nunca tan hostil como ahora, susurra al pasar. Se ha vestido. Repasa en desorden todo aquello que la experiencia intelectual y física, las horas de fogueo y pruebas, los mecanismos activados y desactivados deben hacer cumplir por regla. Le atraviesa el recuerdo —¿imaginado?– de su primer día de clase: justo el instante en que se soltó de la mano conocida de su padre —¿fue él?– y se aferró a la desconocida garra de su nueva maestra. Después oye la puerta del aula cerrándose. ¿De qué color era?...

Y vuelven la angustia, las lágrimas, el horror de lo incierto. Se apoya en el vacío de las mil novecientas veces que ha hecho esa función, vestido como ahora, aunque no recuerda una sola frase de las que hicieron reír, o llorar, o pensar a... ¿quién? Hoy: mil novecientas una funciones... «¿Y si hoy no puedo?»... Se relaja: sólo así podrá compartir. «Soy yo», repite, por fin, para darse fuerzas. «Yo soy», escucha su oído izquierdo. Intenta concentrarse. ¿En qué? ¿Cómo puede saber en qué debe concentrarse si no es, y acaso no sea? Ejercita su voz, que tampoco es: ni la propia, ni la de su inmediata encarnadura. Ensaya sus gestos, a medio camino entre el ser y el no ser. Inspira, expira: en realidad todo es un expirar continuo. Domina la técnica desde siempre, pero el aire no es el aire. Y la flema es la flema, que atraviesa y enturbia su voz. Su emoción, que siempre aparece en el momento exacto, no está. ¿Y si hoy el sentir no siente? ¿Será hoy la noche en que el sentir no sienta? ¿Y si, justo hoy, la voz decide no decir, y no dice? Mueve su cuerpo, lo calienta a conciencia: norte, sur, este, oeste; el plexo, los genitales, incluso el mismo agujero que vierte lo inútil: nada funciona bien. Nada surte efecto. Nada calma la náusea de tener que ser quien no se es. ¿Cómo ahondar en el ejercicio de la cotidiana hipocresía si ésta no tiene cabida en el inagotable creer del teatro? A pesar de ello, hay quien piensa que *actuar* es *saber mentir*. Y quien afirma que *actuar* es *trasmutar ficciones en verdades*. También quien no cree que *actuar* sea *algo*. Pero hay quien sí cree...

Una anomia indefinible invade al hombre, que ya no ve nada en ese espejo. Ser otro *a la hora señalada*, ésa es la única cuestión. La luz del camerino se apaga. Ahora, un sendero tenebroso guía sus pasos. Él aparta la oscuridad con las manos hasta llegar al sitio exacto en el que aguardará para parir esa *incertidumbre* que saldrá a la luz plagada de *certezas*, y todo ello sin gritar el horror de ser parte de la luz, porque *no toca* ni, por otra parte, recuerda lo que *toca*. No recuerda nada. ¿Cómo recordar el futuro? «Si ayer mismo pude...», se dice. Y otra vez su madre, los santos, Dios, la buena fe, la piedad humana y ese todo que nunca funciona. Le veo irse al territorio propio. Le dejo solo. Ahí yo no me atrevo a seguirle. Sabrá salir de él. Solo, como entró. Tendré que esperarle para seguir observándole. Escucho las primeras risas, algo se calma en mi interior. Algo se está haciendo, actuando.

Jorge, tu libro es divertido y está plagado de *fe, esperanza* y *caridad* —qué lindo es apropiarse de palabras que parecen pertenecer a la vereda de enfrente–, aplicadas a la *tarea*. El buen médico sana, primero, la palabra que enferma. Sólo así puede hacerse compañero de quien padece la enfermedad. Muchas cosas de este diálogo que has entablado en soledad para ayudar a otros, aunque no fueran más que dentelladas al vacío, tienen el mismo efecto balsámico —que no placebo— que procura el compañero de la mejor juerga seria —que no aburrida–, ésas en las que solemos embarcarnos, en medio de mareos, vómitos y esperas, hasta que el horizonte exclama «¡Pájaros!», porque, donde los hay, habrá tierra. Dicen que *viajando* se fortalece el corazón, y tu oferta para estas inermes criaturas que nos *disfrazamos de* y *pretendemos que* es, como poco, sincera y afectuosa. Mucho de lo que cuentas en *Hacer actuar*, que puede parecer *literatura del supuesto*, forma parte de las vivencias —las del verbo *practicar*— que los actores transitamos —a veces sin darnos cuenta, otras conscientemente— sin las *palabras adecuadas para sanar previamente* la enfermedad del actuar. Quizás coincidamos todos en el territorio de la ambigüedad constante que produce esa desesperación. Y, también, en la orfandad que provoca *tanta verdad absoluta instituida por la publicidad*. Antes, si no eras de Stanislavski, no eras. O, si no eras de Meyerhold, no eras. O, si no eras de Grotowsky, no eras. En andas te llevaban para tirar tus despojos al Riachuelo si no eras de Strasberg. Lo lindo de tu libro es que se puede, o no, ser de Eines, y seguir siendo. Tu búsqueda no es de autopista, sino de sendero, a escala humana. Es más, yo llamaría a tu libro «Sendero». Y lo regalaría —previa compra— a cada peregrino a Santiago que guste de buena compañía, y no sólo a nuestros compañeros de nao o patera. Seguí pensando, sintiendo y divirtiéndote con esto de la eternidad compartida, que es lo mejor que puede ocurrirle a la platea. Y a quienes la incitan. Un abrazo.